路物语 书系

总主编 李炳武

陕西汉唐石刻博物馆

秦航 李晓国 宋歌 秦御嘉 主编

石镌春秋

西安出版社

图书在版编目（CIP）数据

石镌春秋：陕西汉唐石刻博物馆 / 秦航等主编. —西安：西安出版社, 2024.1
ISBN 978-7-5541-6557-7

Ⅰ. ①石… Ⅱ. ①秦… Ⅲ. ①石刻—历史文物—西安 Ⅳ. ①K877.402

中国国家版本馆CIP数据核字(2023)第233570号

石镌春秋
陕西汉唐石刻博物馆
SHI JUAN CHUNQIU
SHAANXI HANTANG SHIKE BOWUGUAN

秦 航 李晓国 宋 歌 秦御嘉 主编

出 版 人：屈炳耀
出版统筹：李宗保 贺勇华
策　　划：张正原
责任编辑：张正原 李惠明
责任印制：尹 苗
出版发行：西安出版社
社　　址：西安市曲江新区
雁南五路1868号影视演艺大厦11层
电　　话：（029）85253740
邮政编码：710061

印　　刷：重庆新金雅迪艺术印刷有限公司
开　　本：787mm×1092mm 1/16
印　　张：17
字　　数：192千
版　　次：2024年1月第1版
印　　次：2024年1月第1次印刷
书　　号：ISBN 978-7-5541-6557-7
定　　价：78.00元

序一

阅读文物　拥抱文明

郑欣淼

文物所折射出的恒久魅力，已为越来越多的人所认识。今天呈现在读者面前的这部“丝路物语”书系，就是这一魅力的具体体现。

“让收藏在博物馆里的文物、陈列在广阔大地上的遗产、书写在古籍里的文字都活起来。”（习近平语）党的十八大以来，习近平总书记担负着实现中华民族伟大复兴的历史重任，饱含着对传统文化的深厚感情，让文物活起来始终为其所关注、所思考。让文物活起来，就是深入挖掘文物的内涵，充分发挥文物的作用。中国文物是中华民族的文明印记和精神标识，是全体中国人乃至全人类的珍贵财富；它对于激发人民群众对中华优秀传统文化的了解、认同和热爱，坚定文化自信，汇聚发展力量等作用是不言而喻的。

近年来，一些优秀的文物类书籍、综艺节目、纪录片、文化创意产品等不断涌现，文化遗产元素成为国家外交的桥梁，文物逐渐成为“网红”并受到越来越多年轻人的青睐，这些都充分彰显着“让文物活起来”已逐渐从理念转化为行动，那些在历史长河中积淀下来的文物珍存正在不断走近百姓、融入时代、面向世界。

说到文物，不能不把眼光聚焦于丝绸之路。人类社会交往的渴望推动了世界文明间的相互交融和渗透，中华文明与亚、欧、非三大洲的古代文明很早就发生接触，相互影响，相互交流。直到1877年，德国地理学家李希霍芬在他的著作《中国——我的旅行成果》里首次提出了“丝绸之路”的概念。近半个世纪以来，随着丝绸之路考古发现和学术研究的不断深入，极大地开阔了人们的视野。特别是“一带一路”倡议的全面推进，丝绸之路研究更成为国际显学。在古代文明交流史上，丝绸之路无疑是极其璀璨的一笔。它承载着千年古史，编织着四方文明。也正因为丝绸之路无与伦比的历史积淀，形成了独特的历史文化遗产，其数量之大、等级之高、类型之丰富、序列之完整、影响之深远，都是世所公认的。神秘悠远的古代城址、波澜壮阔的长城关隘烽燧遗址、精美绝伦的艺术品、气势磅礴的帝王陵墓、灿若星辰的宫观寺庙、瑰丽壮美的石窟寺……数不清道不尽的文物珍宝，足以使任何参观者流连忘返，叹为观止。2014年，“丝绸之路：长安—天山廊道的路网”成功跻身《世界文化遗产名录》，使丝绸之路迎来了新的历史机遇，也对广大文化文物工作者提出了新的要求。

“让文物说话，把历史智慧告诉人们。”这是习近平总书记的谆谆嘱托。中华文化优雅如斯，如何让文物说话，飞入寻常百姓家，是当下无数文化界人士亟待攻坚的课题，亦是他们光荣的使命。客观来讲，丝绸之路方面的论著硕果累累，但从一般读者角度，特别是从当下文化与旅游结合角度着眼的作品不多，十分需要一套全面系统地介绍丝绸之路文物故事的读物。令人欣喜的是，西安出版社组织策划了这套颇具规模的“丝路物语”书系，并由李炳武先生担任主编，弥补了这一缺憾。李炳武先生曾经长期在文物文化领域工作，也主持过“中华国宝·陕西珍贵文物集成”“长安学丛书”和《陕西文物旅游博览》等大型文物类图书的编纂工作，得到了业界的充分肯定；加之丛书的作者都是有专业素养的学者，从而保证了书稿的质量。

如何驾驭丝绸之路这样一个纵贯远古到当今、横贯地中海到华夏大地的话题，对于所有编写者来说，都是具有挑战性的。这套书的优点或者说特点，可以概括为以下几个方面：

这套书最大的一个优点，就是大而全。从宏观的视野，用简明的线条，对陆上丝绸之路的博物馆、大遗址进行了全景式梳理，精心遴选主要文物，这些国宝的历史、艺术和科学价值在字里行间一一呈现。

丝绸之路文化遗产类型丰富，作者在文中并没有局限于文物本身的解读，还根据文物的特点做了大量的知识拓展，包括服饰的流变，宗教的传播，马匹的驯化，葡萄等水果的东传，纸张的发明和不断改进，医学的发展，乐器、绘画、雕刻、建筑、织物、陶瓷等视觉艺术的交互影响，等等。其中既有交往的结果，也有战争的推动。总体而言，这些内容是讲述丝绸之路时所不可或缺的内容，使读者透过文物认识了丝绸之路丰富的文化内涵。

值得称道的是，这套书采取探索与普及相结合的方式，图文并茂，力求避免学究气的艰涩笔调，加入故事性、趣味性，使文字更具可读性，达到雅俗共赏的目的。通过图书这一载体，能够使读者静静地品味和欣赏这些文物，传达出对历史的沉思和感悟，完善自己对文物、丝绸之路和文化的认知。读过这套书后，相信读者都会开卷有益，收获多多，文物在我们眼中也将会是另一番面貌。

我们有幸正处于坚持以人民为中心的改革发展伟大时代，每一件文物，都维系着民族的精神，让文物活起来，定会深入人心、蔚为大观。此次李炳武先生请我写序，初颇踌躇，披卷读来，犹如一场旅行，神游历史时空之浩渺无垠，遐思华夏文化之博大精深。兼善天下，感物化人历来是每一个中国知识分子的精神所属，若序言能为一部作品锦上添花，得而为普及民众的文物保护意识起到促进作用，何乐而不为？

是为序。

· 郑欣淼 ·
中国文化部原副部长、故宫博物院原院长、中华诗词学会会长、著名历史文化学者。

序二

丝路物语话沧桑

李炳武

2013 年 9 月，中国国家主席习近平访问哈萨克斯坦时，在纳扎尔巴耶夫大学发表演讲，首次提出共同构建“丝绸之路经济带”的宏伟倡议。2014 年 6 月，“丝绸之路：长安—天山廊道的路网”成功跻身《世界文化遗产名录》。

丝绸之路是世界上路线最长、影响最大的文化线路。丝绸之路是指起始于古代中国的政治、经济、文化中心—古都长安（今西安）连接亚洲、非洲和欧洲的古代陆上商业贸易路线。它跨越陇山山脉，穿过河西走廊，通过玉门关和阳关，抵达新疆，沿绿洲和帕米尔高原通过中亚、西亚和北非，最终抵达非洲和欧洲，向南延伸到印度次大陆。这条伟大的道路沟通了中国、印度、希腊三大文明，全长一万多千米。它是一条东方与西方之间经济、政治、文化进行交流的主要道路，促进了欧亚大陆不同国家、不同文明之间在商贸、宗教、文化以及民族等方面的交流与融合，为人类社会的共同发展和繁荣做出了卓越贡献。

公元前 138 年，使者张骞受汉武帝派遣从长安出发，出使月氏。13 年中，他的足迹遍布天山南北和中亚、西亚各地。在随后的 2000 多年间，无数商贾、旅人沿着张骞的足迹，穿越驼铃叮当的沙漠、炊烟袅袅的草原、飞沙走石的戈壁，来往于各国之间，带来了印度、阿拉伯、波斯和欧洲的玻璃、红酒、马匹，宗教、科技和艺术，带走了中国的丝绸、漆器、瓷器和四大发明，举世闻名的丝绸之路渐渐形成。

用“丝绸之路”来形容古代中国与西方的文明交流，最早出自德国著名地理学家李希霍芬 1877 年所著的《中国——我的旅行成果》一书。由于这个命名贴切写实而又富有诗意，很快得到学术界的认可，并风靡世界。

近年来，丝绸之路迎来了新的历史机遇，沿丝绸之路寻访探秘的人络绎不绝。发展丝路经济，研究丝路文明，观赏丝路文物成了新时代的社会热潮，“丝路物语”书系便应运而生。在本书和读者见面之际，作为长安学研究者、“丝路物语”书系的主编，就该书的选题范围、研究对象、编写特色及意义赘述于下：

“丝路物语”书系，以“丝绸之路：长安—天山廊道的路网”遗产及相关博物馆为选题范围。该遗产项目的线路跨度近 5000 千米，沿线包括了中心城镇遗迹、商贸城市、聚落遗迹、交通遗迹、宗教遗迹和关联遗迹五类代表性遗迹以及沿途丰富的特色地理环境。丝路沿线遗迹或壮观巍峨，或鬼斧神工，或华丽精美，见证了欧亚大陆在公元前 2 世纪至公元 16 世纪之间人类文明进步的重要阶段，以及在这段时间内多元文化并存的鲜明特色。

“丝路物语”书系，每册聚焦古丝绸之路上的一座博物馆、一处古遗址或一座石窟寺，力求立体全面地展示丝绸之路上的历史遗存、人文故事和风土人情。这是一套丝绸之路旅游观光的文化指南，从中可观赏到汉代桑蚕基地的鎏金铜蚕，饱览敦煌石窟飞天的婀娜多姿，聆听丝路古道上的声声驼铃。古丝绸之路是人类文明的宝贵遗产，记录着社会的沧桑巨变，这是一部启封丝路文明的记忆之书。

“丝路物语”书系，以阐释文物为重点。文物是中华民族的精神标识。“让收藏在博物馆里的文物、陈列在广阔大地上的遗产、书写在古籍里的文字都活起来。”这对于激发人民群众对中华优秀传统文化的了解、认同和热爱，坚定文化自信，汇聚发展力量不可小觑，这是一部积淀文化自信的启智之作。

2000多年前，我们的先辈筚路蓝缕，穿越草原沙漠，开辟出联通亚欧非的陆上丝绸之路。这不仅是一条通商易货之道，更是一条文化交流之路。沿着古丝绸之路，中国将丝绸、瓷器、漆器、铁器传到西方，也为中国带来了胡椒、亚麻、香料、葡萄、石榴。沿着古丝绸之路，佛教、伊斯兰教及阿拉伯的天文、历法、医药传入中国，中国的四大发明、养蚕技术也由此传向世界。更为重要的是，商品和文化交流带来了观念创新。比如，佛教源自印度，却在中国发扬光大，在东南亚得到传承。儒家文化起源于中国，却受到欧洲莱布尼茨、伏尔泰等思想家的推崇。这是交流的魅力，互鉴的成果。这些各国不同的异质文化，犹如新鲜血液注入华夏文化肌体，使脉搏跳动更为雄健有力。古丝绸之路绵亘万里，延续千年，积淀了以和平合作、开放包容、互学互鉴、互利共赢为核心的丝路精神。

新时代、新丝路、新长安。2017年，习近平主席在“‘一带一路’国际合作高峰论坛”上指出：古丝绸之路是人类文明的宝贵遗产。为让这些遗产、文物鲜活起来，西安出版社策划出版的“丝路物语”书系，承载着别样的期许与厚望，旨在以丝绸之路的隽永品格对话当代社会的文化建构，以高度的文化自觉唤醒当代社会的文化自信。

我们作为丝绸之路起点长安的文化工作者，更应该饱含对传统文化的深厚感情，自觉担负起实现中华民族伟大复兴的历史重任，充分运用长安学的最新研究成果，为保护、研究和传承人类文明的宝贵遗产尽心尽力，助推“一带一路”伟大事业的蓬勃发展。

精品力作是出版社的立身之本，亦是文化工作者的社会担当。“丝路物语”书系的出版，凝聚着众多写作和编辑人员的思考与汗水。借此，特别感谢郑欣淼部长的热情赐序；感谢策划人、西安出版社社长屈炳耀先生的睿智选题与热情相邀；感谢相关遗址、博物馆领导的支持和富有专业素养的学者和摄影人员的精心创作；更要感谢西安出版社副总编辑李宗保和编辑张正原认真负责、卓有成效的工作。

“丝路物语”书系的出版虽为刍荛之议、管窥之见，但西安出版社聆听时代声音、承担时代使命以及致力于激活文化遗产、传播中国声音的决心定将引领其走向更远的未来。

是为序。

·李炳武·

陕西省文物局原副局长、陕西省文史馆原馆长、“长安学”创始人、陕西师范大学国际长安学研究院首任院长、三秦文化研究会会长、长安学研究中心主任、著名历史文化学者。

序三

贺熙朝·陕西汉唐石刻博物馆感怀

周晓陆

重宝千千经手后。
慨然回首，胆肝依旧。
周秦故里，汉唐渠畔，聚兵由豆。
饮渭宵昼。

几层罗锦凭谁绣。
责任拱平明，终作梼机透。
更文华长久。
思石阁情，把大风奏。

·周晓陆·

二级教授，博士生导师，中国艺术与考古研究所创始所长，文博专家，教育家，古文字学家，诗人，中国教育部、文化和旅游部、国家文物局专家库成员，教育部“长江学者”评审委员，中国国家博物馆文物鉴定定级专家。

目录

开篇词

贞石不朽，古人往往将最重要的事情，以圆雕、浮雕或线刻等形式凿刻、记录在石头上，以期望这样的情感能够不朽地延续下去，从而形成各类石刻艺术。在中国古代石刻艺术发展长河中，古都西安始终占据着重要的历史地位，这里物华天宝，见证石刻艺术的不断发展。宗教石刻、陵墓石刻、建筑石刻、生活器皿石刻等，洋洋大观，造型精美，历史信息丰富。现在就让我们走进全国第一座古代石刻专题的非国有博物馆——陕西汉唐石刻博物馆，去探索汉唐文明，品汉唐石韵。

石磬

古老的石质乐器

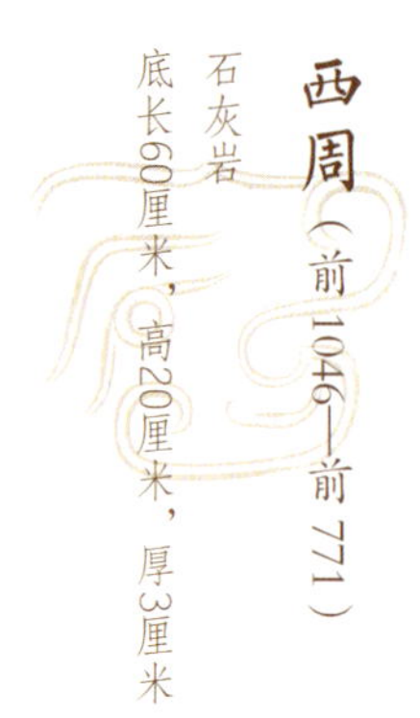

西周（前1046—前771）

石灰岩

底长60厘米，高20厘米，厚3厘米

古人意外发现敲击石头能够发出悦耳的声音，于是在对石头进行加工后，产生了一种中国古老的石质乐器——石磬。《礼记·乐记》载："乐者，通伦理者也。"音乐，有着愉悦身心、陶冶情操的作用，西周时期的周公旦制礼作乐，"乐"作为"六艺"之一，备受重视。人们将石磬和青铜乐器配置组合，共同构成"金石之乐""钟磬之乐"，它们一直处于中国古代宫廷音乐中的核心地位。

"国之大事，在祀与戎。"在祭祀和典礼仪

石磬

式中，根据礼制规仪的程序、场合和规格来敲击演奏“金石之乐”，可以规范并提高仪式的庄严感和神圣感，从而“和人心，厚风俗”，石磬在此时也有了规范社会礼仪和伦理秩序的作用。

石磬有单独演奏的特磬和不同音高依次排列成组演奏的编磬。《礼记·明堂位》记载：“垂之和钟，叔之离磬，女娲之笙簧。”其中“离磬”指的就是编磬，成组依次排列悬挂在乐架上，每只石磬可以敲出不同的音色，来演奏旋律。根据造型的特征，石磬也可以分为直背型、折背型、弧背型、倨背型四种。这件馆藏石磬为一组编磬之一，为倨背型，其上部为钝三角形，倨句为144°，下部较平直而微有弧度，整体形状类似凸五边形，

石磬拓本

两面錾刻夔纹，侧边刻重环纹，阴纹内填充朱砂彩绘，线条流畅，造型雅致。这种造型的石磬流行于西周中晚期至春秋早期。石灰岩因具有石质细腻、质地坚硬的特点，成为制作石磬的主要材料。石磬较短的一端叫作股，相对窄长的一端叫作鼓，上部中央有钻孔，叫作倨孔，倨孔之上即为倨句。

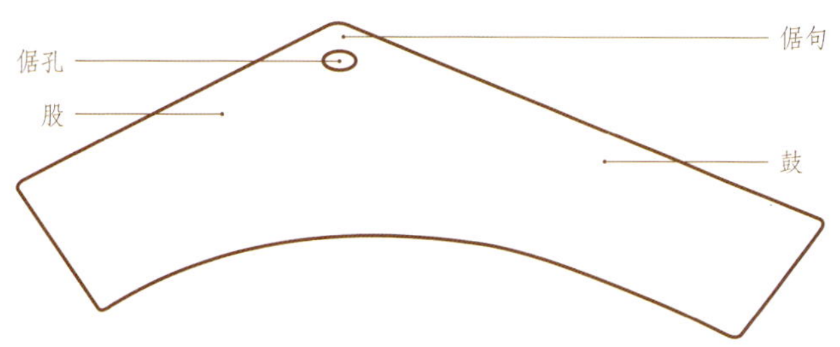

演奏时，石磬会通过倨孔穿绳悬挂在磬架上。由于受力不均匀会使得股部在上，鼓部在下，敲击下垂的鼓部，即会发出悦耳空灵的乐声。

编磬中最著名的要数战国的曾侯乙编磬，1978 年在湖北省随县（今随州市）擂鼓墩 1 号墓出土，共有三十二块，分两层悬挂在磬架上。这组石磬也为倨背型，还分别刻有编号和乐律铭文，是迄今所见编磬中造型最精美、数量最多的一组。

据说孔子也擅长击磬。《史记》卷四十七《孔子世家》有这样的记载："孔子击磬。有荷蒉而过门者，曰：'有心哉，击磬乎！硁硁乎，莫己知也夫而已矣！'"说的是孔子有一天在家里击奏石磬，有一个扛着草筐的人从家门口经过，听到孔子击发的音乐后，说："有心事儿呀，就敲击石磬吧！硁硁的声音啊，是在诉说没人赏识自己罢了！"可见孔子击奏石磬时将自己郁郁不得志的情感也融入音乐之中了，就连一位路过的普通人也能听出来。

秦『禾石』始皇诏一石铁权

统一度量衡的见证

秦（前221—前206）

铁

直径25.5厘米，高13.6厘米

重30350克

这件铁权为秦代衡量重量的标准器，由渭河淘沙工在早年淘沙时发现并捐赠。其通体为半圆体，上凸下平，顶部有鼻钮便于提起。上阴刻秦始皇二十六年（前221）颁布统一度量衡的标准小篆诏文，并阳文铸有“禾石”二字。铁权虽锈蚀严重，但部分诏文依旧可以辨认。

铭文：“廿六年，皇帝尽并兼天下诸侯，黔首大安，立号为皇帝。乃诏丞相状、绾，法度量，则不壹，歉疑者，皆明壹之。”表示秦始皇二十六年，完成了统一中国的大业，百姓得到安定，确立了皇帝的称号。于是下达诏书，令丞相隗状和王绾将全国混乱不清的法律、度量衡和各种制度都明确统一。就目前所见，铜权和石权数量较多，铁权由于极易锈蚀，故而保留下来特

秦“禾石”始皇诏一石铁权

别是还拥有文字的数量较少，因此，这件铁权极为珍贵。

战国时期，各国文字、度量衡、车轨等都有所不同，各国人民在文化、生活、交通等方面的交流面临着很多障碍。千古一帝秦始皇终于在公元前221年“奋六世之余烈”，建立了中国历史上第一个统一的、多民族的、专制主义中央集权制国家，并随之颁布了统一文字、度量衡、车轨等法律条令。《史记》卷六《秦始皇本纪》记载：“一法度衡石丈尺。车同轨。书同文字。”“度量衡”中，“度”代表测量物体长度，“量”代表测算物体体积，“衡”代表称量物体重量。秦权就是伴随着秦始皇统一度量衡而产生的，为衡量重量形成了法定准则，称“法度量”。秦朝以石、钧、斤、两、铢为重量单位，秦制1斤约合现代258克，1石重秦制120斤，约合今天的30公斤。

秦权是研究秦代衡制的基础资料，统一衡度，对于促进商业贸易、手工业发展和完善税收制度，以及加强全国各地区之间政治、经济和文化的联系，都有着非常大的帮助。

熊形席镇

当熊意气压三军

汉（前206—公元220）

砂岩

高8厘米，宽8厘米，厚6.5厘米

席镇是中国古代生活中常用的物品之一，在汉代尤为流行，是为了压住帷帐或席角，防止其卷起或移动的用具。镇，许慎在《说文解字》中解释为“博压也。从金，真声”，本义指对物体施加压力。在高脚坐具尚没有发明之前，人们跪坐于席榻之上，也称跽坐、正坐，这种坐姿被看作是仪态端正之姿，有礼的表现，成语“正襟危坐”即与此有关。《论语》中也有“席不正，不坐”。为了防止席子卷起或者移动，在席的四角会分别用镇来压着。在考古发掘中，河北邢台西汉刘迁墓、定州西汉刘修墓等大量陵墓中均出土有镇一组四件，证实了镇的作用，并说明镇在生活中使用的普遍程度之高。

熊形席镇

馆藏这组熊形席镇共有两件，熊呈躬背蹲坐状，圆目宽鼻，长嘴，双耳下耷，伸头挺腹，前腿撑地，后腿屈跪，形象拟人化，看似憨厚可爱而无蠢笨之感，使观者感受到浑厚、质朴的汉代艺术特点。

席镇的材质有金属、玉、石等，早期以石质为主，造型上有人物形、博山形、动物形，动物形镇中常见有虎形、熊形、豹形、辟邪形、龟形等。将席镇制作为熊的样子，也是有着特殊的时代背景。在汉代，熊是人们生活中常见到的猛兽，被视为力量的象征，作为神兽。《诗经·小雅·斯干》中有："维熊维罴，男子之祥。"郑玄笺："熊罴在山，阳之祥也。"这是把熊看作吉祥美好的瑞兽，可见汉代人对熊的喜爱。总之，熊镇在生活中既实用，又可以装饰空间，同时还增添了几分生活意趣。

兽足砚

墨池飞出北冥鱼

汉（前206—公元220）

石灰岩

直径15.3厘米，高3.3厘米

这方兽足砚因以兽形为足得名，砚面磨制光滑，呈圆形，砚池微凹，底部有三足，足形状似熊。熊闭目，有大耳，嘴大张，似在喘气，前爪支撑于膝盖处，后腿屈跪。其刀法简洁、粗犷，寥寥几刀就把熊负重上托的神态表现得淋漓尽致。

砚是中国古代文房四宝之一，是文人用来研墨的工具。砚的使用历史由来已久，最早发现是在距今五千多年的姜寨遗址，石砚长 8 厘米，宽 6.4 厘米，在粗糙的石刻凹槽内放置有研杵，内部还遗留有部分朱砂颜料。1976 年，河南安阳殷墟妇好墓中出土有一件玉砚，砚上也有朱砂遗留，说明此时的砚主要用于研磨颜料。据《文房四谱》记载：“鲁国孔子庙中有

兽足砚

石砚一枚，制甚古朴，盖夫子平生时物也。”1975年，在湖北省孝感市云梦县睡虎地秦墓中发现的战国晚期石砚，被认为是最早用于书写的砚台。表明砚的发展真正成熟。

早期石砚往往要与研杵共同出现，直到东汉末期，随着制墨技术的成熟，在墨中加入胶从而将墨制作成易于手握的形状，于是人们开始抛弃了研杵和研磨板，直接在砚面上研墨。东汉崔寔《四民月令》中写道：“砚冰释，命幼童入小学，学篇章。……砚冰冻，命幼童读《孝经》《论语》篇章，入小学。”可见，汉代砚的发展已经十分成熟，初具现代砚的意义，而砚的使用也已十分普遍。从唐代起，端砚、歙砚、澄泥砚和洮砚并称为“四大名砚”。

砚是中国传统书写工具之一，与毛笔、墨、纸张并称为“文房四宝”，成为文人雅客案头的必备之物。历代文人对笔墨纸砚的不断追求，也产生了丰富的文化内涵。

白玉三山镜

对镜帖花黄

汉（前206——公元220）

白玉

直径9厘米，厚1厘米

镜子古称“鉴”，以青铜铸造、磨制而成。爱美之心人皆有之，镜子对于爱美人士特别是女性而言不可或缺。

镜子的使用可以追溯到距今约四千年的齐家文化。1976年，在商代妇好墓中出土了四枚铜镜。铜镜在春秋战国时大量出现，汉唐时期最为鼎盛。铜镜一般有圆形、菱花形、方形，背部大多铸有精美瑰丽的纹饰或寓意美好的文字，反映着中国古代构思巧妙的艺术水平，以及人们对美好生活的追求。唐太宗有名言：“以铜为鉴，可正衣冠；以古为鉴，可知兴替；以人为鉴，可明得失。”这些都体现出铜镜在古人心中的重要地位。

直到清代中期玻璃镜子普及之前，人们使用的都是铜质的镜子。眼前

白玉三山镜

白玉三山镜拓片

的这件镜子却是例外，它是用白玉雕刻而成，明显不能用来“对镜帖花黄”，为非实用器。玉有着色泽纯洁、质地温润的特性，古人将玉作为礼器，赋予“德”的象征。“君子佩玉，以玉比德”“君子无故，玉不离身”，因此这件白玉镜应当是作为礼器之用。镜背中心有钮，三个“山”字形纹样呈倾斜状围绕镜钮一周均匀布局，符合中国传统的文化特色和美学价值，底纹饰以羽状纹，素雅中不失精巧。所谓“高山仰止”，“山”字纹有稳定安泰、生养万物、有容乃大的寓意。有人认为，山字纹是雷纹的演变，也有人认为是金文“山”字的图案化。

说来或是无心的遗憾，或是有意而为，这件镜子竟然断裂成了两半。

如果是由于自然原因或者人为的过失则无话可说，但如果是古人有意而为之，那就很有意思了。事实上，在古代，镜子的作用除照容之外，也可用作印鉴、辟邪、装饰和充当信物等。在考古中发现，大量汉代同茔异穴的夫妻合葬墓中有各放置半枚铜镜的现象，印证了镜子作为信物的功能。我们非常熟悉的典故“破镜重圆”里，铜镜就起到了信物的作用。

据记载，南朝时陈国的太子舍人徐德言和妻子乐昌公主恩爱有加，徐德言预感国家将要灭亡，必将遭遇分离，于是把一枚铜镜一破为二，夫妻各持一半，作为信物以期望一旦失散可以凭此相遇。陈国灭亡后，乐昌公主被掠入越国公杨素府内。徐德言流落京城，在市场上看到一位老人在高价售卖半枚镜子，于是他将自己的破镜拿出，竟和这半枚完全相合。徐德言悲痛欲绝地在镜子上题诗一首：“镜与人俱去，镜归人未归。无复嫦娥影，空留明月辉。”公主看到这枚镜子以及上面的题诗后悲痛不已，食不下咽。杨素得知此事，被他们的真情感动，于是将乐昌公主送还。夫妻二人得以团圆，终老江南。

汉墓石质壁画

方相氏、驭虎图壁画

东汉（25—220）

青石

方相氏驱疫仪式图：

高122厘米，宽102厘米

驭虎图：

高120厘米，宽109厘米

古代壁画有墓室壁画、石窟壁画和宫殿建筑壁画等，是在墙壁上绘画作为装饰。壁画早在距今五千至六千年的杨官寨遗址中已经出现，到东汉时期已经颇为兴盛，后世亦不断发展。常见的壁画多以修整的墙壁作为支撑层，在上边涂抹一层草拌泥作为地仗层，其上再涂白灰层，然后在白灰层的上面绘画。

这两件东汉时期的石质壁画，以人工雕琢的两块方形青石为支撑层，无地仗层，直接于白灰层上作画，这种形式实属罕见。这两件都是墓室壁画，内容主要体现汉代方相氏辟邪驱疫、墓主升仙、牛车出行等场景。

壁画之一为“方相氏驱疫仪式图”，其上方绘有帷幔，下方绘方相氏

方相氏、驭虎图壁画

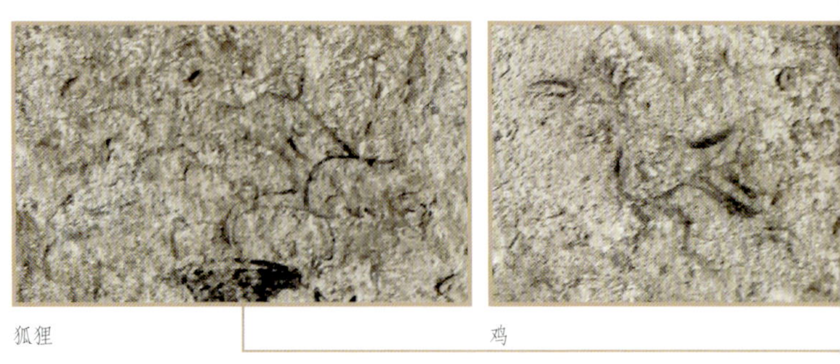

狐狸　　鸡

扶桑树和金乌　　驭手驾驶牛车

驱疫和墓主升天图像。“方相氏”是周朝执掌驱疫辟邪傩舞仪式的官员。《周礼·夏官·方相氏》载：“方相氏掌蒙熊皮，黄金四目，玄衣朱裳，执戈扬盾，帅百隶而时傩，以索室驱疫。大丧，先柩。及墓，入圹，以戈击四隅，驱方良。”画面中，方相氏站立于牛车之前，他头戴傀面，须眉横飞，双目外凸，左手执盾，右手将斧举在头顶，形象夸张、狞厉，作舞蹈状驱邪开路。壁画

壁画“方相氏驱疫仪式图”

左侧，底部有扶桑树和金乌，中部绘制有牛车出行，驭手驾驶牛车，车主在车上随云气上升。画面上方绘有鸡、狐狸等动物，表示它们牵引墓主的灵魂前往长生的神仙世界，呈现出一股驱疫仪式中祈神招灵的神秘气息。

壁画“驭虎图”

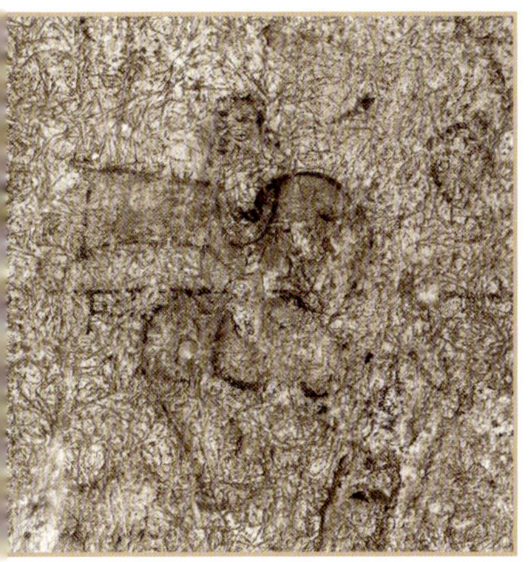

另一人物像

画面中心的人物

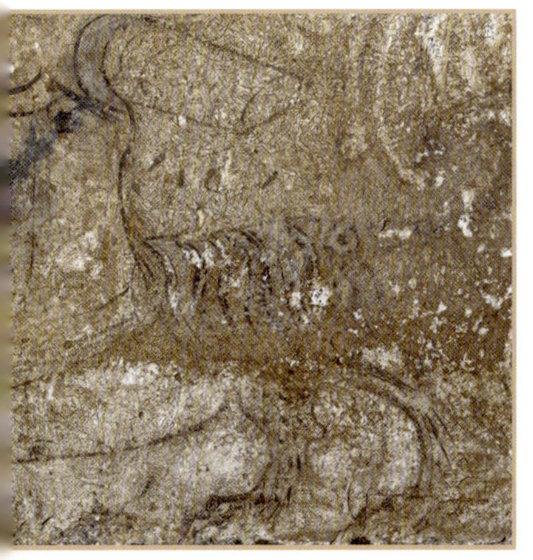

人物身旁的猛虎

壁画之二为“驭虎图”，其上方绘有帷幔，下方画面中心有一人物，画面虽漫漶严重，但隐约可见其怒目圆睁，胡须横飞，形象粗犷张扬。他身着长袍站立，腰间配有长剑和盾状物，一手伸向前方。由于手部画面残损，无法判断手上到底执什么器物。人物身旁还站立着一只猛虎，猛虎四肢粗壮有力，尾部翘起，大嘴张开呈怒吼状，雄壮威武。画面右上方也绘有一个很小的人物形象，人物着袍服跽坐于榻上，一手伸向前方。画面中穿插金乌、云气等图像，其呈现的应为傩戏中的祭祀活动。

这两件石质壁画，虽不甚完整，但画面构图丰满热烈，线条张力浑然，韵味绵长，形象生动鲜活，设色轻松自然，不失为中国早期绘画作品中的佳作。它们不但反映了东汉时期墓室壁画绘制的工艺水平，同时对于研究汉代墓葬、绘画、宗教也有重要价值。

陕西境内迄今发现的汉代墓室壁画数量较少，这两幅壁画显得尤为珍贵。汉代墓室壁画作为传统壁画的典型代表，伴随中国古代“事死如生”的丧葬文化发展而出现。和后世更为成熟的隋唐壁画相比较，汉代壁画题材包罗万象，富有天马行空的想象和浪漫主义思想，构图更加自由，线条生动奔放，注重意向的表达，造型朴拙生动，别有意趣，在中国绘画史上占据着重要的历史地位。

马三焏画像石

地面祭祀石堂

东汉永建二年（127）

石灰岩

高109厘米，宽25.5厘米，厚37.5厘米

马三焏画像石为长方体，表面未经打磨，显得非常粗糙。当然，这也与当时的生产力水平息息相关。在汉代，铁质工具虽然已经普及，但在锻造的硬度上和后世相比还有一定的差距，面对硬度较大的青石就显得力不从心了。因此，石刻表面多粗糙并呈现出平行的凿线，整体上大刀阔斧、粗犷豪放。而在陕西常见的砂岩质画像石，由于石质硬度较小，因此制作的表面就相对要平整很多了。

马三焏画像石三面雕刻，两侧刻连璧纹，正面刻铭文与人物像，铭文5行共97字：

鲁北乡中意里马三焏，遭岁仓卒，[展]舆到永建二年/三月十九日以寿

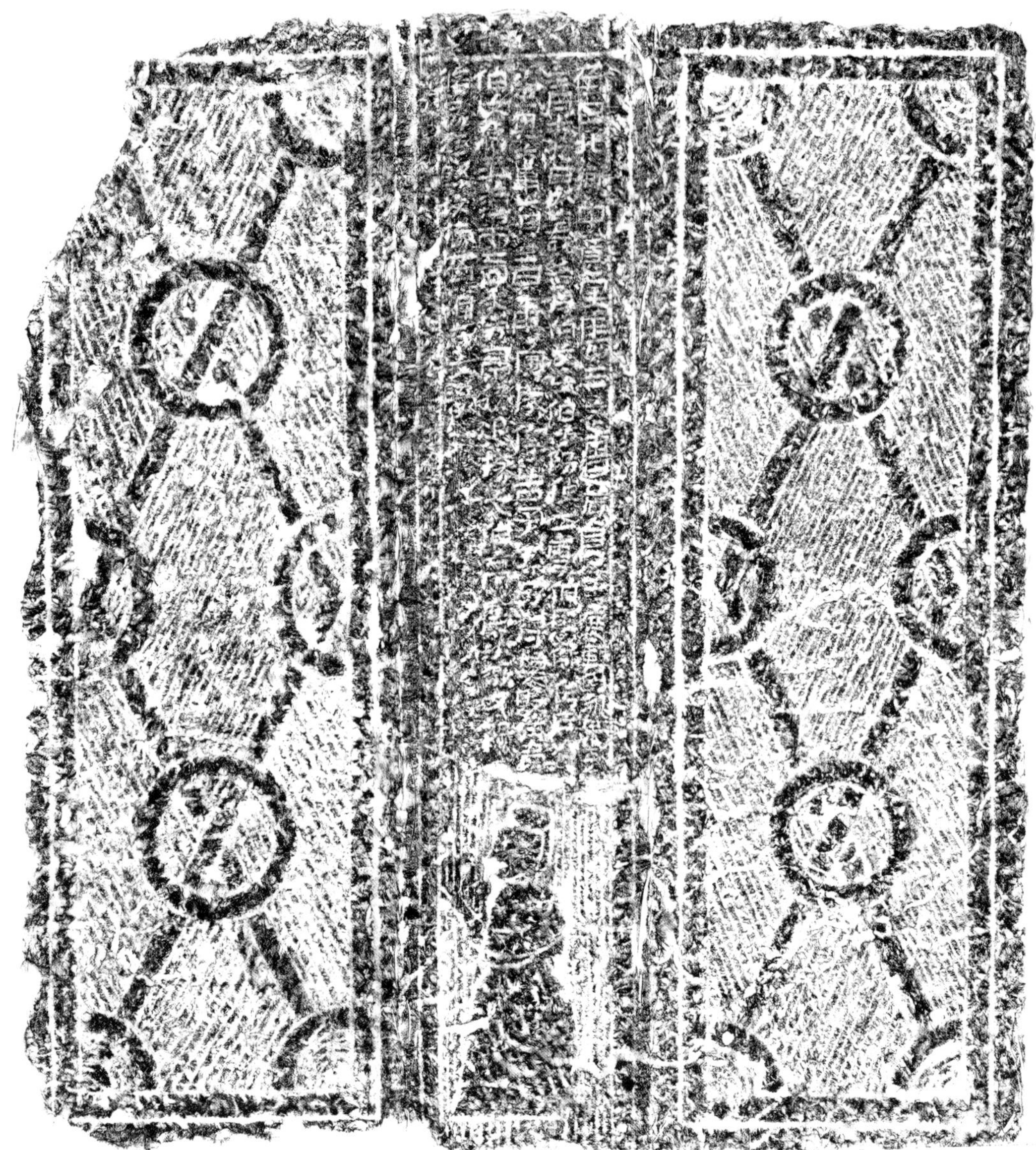

马三窓画像石拓片

马三崈画像石

终。孙伯文、文伯、少阳，使工曹伯、马解作石食/堂，具六车。六月三日庚寅成，传告子孙，毋得坏败，多寿。/伯文，为主簿、市啬夫、行亭掾、廷掾；文伯，亭长、游徼；少阳，/脩《易经》，县故掾、召相府文学。

铭文中记述了永建二年（127）马三崈卒后，其孙伯文、文伯、少阳雇佣石工起立石堂之事。其中“鲁”为“鲁县”，“北”即“北乡”，“里”为古代户口管理的一级组织。“遭岁仓卒”，指代社会动荡不安，“仓卒”也作“仓猝”，有丧乱、变故之意。南宋诗人周紫芝《秋蝗叹》中便有“今年遭岁凶，夏旱连秋暑”的诗句。到了东汉的永建二年三月十九日，马三崈寿终正寝，由他的孙辈伯文、文伯和少阳主持丧事，差遣工匠为其建造石堂。石堂，是陵墓上或封土内的礼仪性建筑，在以厚葬为风的东汉时期大为盛行，成为陵墓祭祀的

马三兖画像石 正面及文字拓片

主要场所。例如，位于山东济南的孝堂山郭氏墓石祠，被称为中国现存最早的一座石筑石刻房屋建筑，在石堂上有东汉顺帝永建四年（129）题记。而马三悫画像石的题记时间相较孝堂山郭氏墓石祠还要早两年，可以作为中国古代墓葬石堂研究的重要参考。

铭文记载的县、亭之属官、佐吏名目，也是研究汉代乡亭制度的重要材料。铭文用隶书书写而成，章法“纵有行，横无列”，错落古劲，字兼篆隶，字甚方正，苍茫浑厚，天真浑朴，书法特点与著名的《莱子侯刻石》和“石门十三品”中《鄐君开通褒斜道摩崖》相近，具有十分重要的书法艺术价值。

画像石墓门

刀笔丹青

东汉（25—220）

砂岩

门楣：高35厘米，宽190厘米，厚4厘米

门柱石：高113.5厘米，宽36厘米，厚4.5厘米

门扉：高130厘米，宽55厘米，厚4厘米

画像石是汉代最具特色的石刻种类之一，安置在陵墓墙壁和墓门中作为装饰，多以线刻和减地平雕的技法雕刻出狩猎、车马出行、神话故事、神兽、农耕等题材。地域上主要集中于江苏徐州、河南南阳、四川绵阳、陕北绥德及山东等区域。

陕北在东汉时为上郡所辖，是汉王朝抵御匈奴的军事重地，自然有众多的军事豪强贵族和驻边官吏，或有在任职期间死亡的。由于当时“事死如生”观念和厚葬之风的盛行，他们便利用当地特有的砂岩制作画像石来装饰墓室，这种做法一时间流行了起来。

陕北画像石的分布以绥德为中心，在周边也有发现。它流行于东汉末

画像石墓门

期，这也是汉代画像石发展的末期，呈现出以下特征：一是主要集中放置在墓门的位置；二是题材以出行狩猎和农耕等浓重的生活化场面为主；三是多以减地平雕的技法突出画面，在画面上再阴线雕刻连续的线条，表现效果类似于现在的陕北剪纸。

画像石墓门 门楣

馆藏这一组东汉时期的画像石发现于陕北绥德，由门楣、一对门柱石、一对门扉五部分组成。

门楣为长方形，用减地平雕的技法雕有内外两栏。外栏左右两侧刻有两个圆，里边分别可以依稀看到金乌和玉兔，表示日轮与月轮，这体现着当时浓烈的阴阳观念；中间有龙、凤、三足乌等祥禽瑞兽，卷云纹穿插其中。内栏描绘着丰富多彩的狩猎场面，有武士骑马张弓，正射向前方的五只奔鹿；武士其后有人物骑马导引轺车图像两组，轺车上有驭手和主人；最后有一人骑马执戟。车马出行是汉代壁画、画像石和画像砖的常见题材，车马在汉代应用极为广泛，也是汉代豪门贵族身份的体现。陕北在汉代尚水草丰茂，农业和畜牧业都非常发达，又是边防重地，驻扎有相当数量的骑兵，人们善于骑射，因此农耕和狩猎题材自然是非常丰富的。

门柱石为一对，刻工用减地平雕的技法雕刻纹饰，纹饰左右对称。每个门柱石分布有四栏：上部外侧栏为长方形，内雕一竖卷云纹；上部内侧栏中的云形高座上，左扇门框刻一翅翼扇动的鸟首人形物，其下长方形栏内有一站立的执戟门吏；右扇门框刻一扇动双翼的牛首人形物，其下长方形栏内有一站立的执彗门吏；下方栏内雕龟和蛇缠绕起来的玄武纹，造型古朴。多数学者认为鸟首人形物与牛首人形物分别为东王公与西王母之变形体，居于悬圃之上，悬圃上有鸟和狐狸翘尾回望。东王公与西王母作为对偶神经常一起出现在画像石中，一般都是人形。画像石中除有人形之外还出现有鸟首和牛首的造型，这是陕北画像石独有的造型。汉代神仙方术十分流行，神话传说中，西王母居住在西方的昆仑山上，掌管着长生不死的仙药，能够使人长生不老、羽化成仙。对西王母的崇拜正是汉代人对生命永恒执着追求的体现。东王公的信仰稍晚于西王母，《穆天子传》卷一记载："造父为穆王得盗骊、华骝、绿耳之马，御以西巡游，见西王母，乐而忘归……"随着西

画像石墓门 门柱石

王母形象的进一步传播，人们便将她与东王公联系在一起，形成对偶关系。中部的执戟门吏手持长戟站立在门侧，表示守护家宅安全，防止其他侵扰。执彗门吏手持的东西称“彗”，我们通常将彗星叫作扫把星，“执彗”，顾名思义，就是手上拿着扫把。家里如果有贵宾驾临，往往要提前清扫收拾干净了才能接待客人，故而执彗门吏表示的就是欢迎宾客。如果以今天的视角，也可以把执戟门吏和执彗门吏理解为保安和保洁，表示守护家宅和迎接宾客，体现汉代人“事死如生”的生死观念。

长方形门扉为一对，左右对称。用减地平雕的技法雕刻有四神、羽人和铺首衔环。上方是一对朱雀相对而立，口衔珠，头上饰“胜”，一脚微抬，呈展翅欲飞之势，一副“劲翮翘尾捷足”的造型。在朱雀的身体上还残留有许多朱砂的印记，在羽毛上有用短竖条勾勒的墨线，使得羽毛的层次感更加强烈。朱雀前有羽人，身上长羽，手举仙草，羽毛同样用墨线勾画。《山海经·海外南经》记载：“羽民国在其东南，其为人长，身生羽。”《楚辞·远游》中也有“仍羽人于丹丘兮，留不死之旧乡”的诗句。所谓“羽人”，可以理解为羽化成仙的人，该形象亦是人们渴望飞升成仙的直接表现。羽人在画像石中，大多是与西王母同时出现的，西王母掌管长生不老之药，而羽人则是替人们分赐仙药的。因此，将羽人雕刻在门扉的两侧，中间铺首，兽面若冠，口衔圆环；左下刻虎，右下刻龙。朱雀、青龙与白虎的身体上阴刻连续曲线，使形体更富有层次感。

四神，也被称为“四灵”“四兽”等，即青龙、白虎、朱雀、玄武，

画像石墓门 右门扉及拓片

画像石墓门 四神朱拓

相传是东、西、南、北四个方位的守护神。《三辅黄图》记载：“苍龙、白虎、朱雀、玄武，天之四灵。”四神形象源自古人的天文观念和对星辰的崇拜。古人将赤道附近所有星辰分成二十八星宿，每七个星宿成一组，共有四组，分别位于东、西、南、北四个方位。孔颖达等撰写的《尚书正义》中记载：“是天星有龙虎鸟龟之形也。四方皆有七宿，各成一形。东方成龙形，西方成虎形，皆南首而北尾。南方成鸟形，北方成龟形，皆西首而东尾。”古人将四神与五行思想相互结合，以青龙为木，朱雀为火，白虎为金，玄武为水，中央为土，构成自然万物的基本元素，象征着人们祈求四方安泰、四时平安、阴阳调和的愿望。

翁仲

剑佩衣冠恰伊然

东汉翁仲
东汉（25—220）
石灰岩
高180厘米，宽47厘米，厚33厘米

唐翁仲
唐（618—907）
石灰岩
高173厘米，宽50厘米，厚29.5厘米

关于翁仲的起源，众说纷纭。“翁仲”一词最早见于东汉高诱注解的《淮南子·氾论训》，其中记载：“秦皇帝二十六年，初兼天下，有长人见于临洮，其高五丈，足迹六尺。放写其形，铸金人以象之，翁仲、君何是也。”秦始皇二十六年（前221），秦统一天下之后不久，在临洮一带见到了所谓的“长人”，于是根据其形状，用铜铸造了铜像，令其名为翁仲、君何。也有人认为，“翁仲”本为人名，是秦朝大将阮翁仲，其魁梧壮硕，战力惊人，奉秦始皇之命镇守临洮一带，抵御匈奴的进犯，后不幸病逝。秦始皇感念其功，于是命人按照其形铸造铜像，放置于咸阳宫司马门两侧，之后逐渐形成了传统，并以石像替代铜像。后泛称立于宫阙、庙堂和陵前

东汉翁仲

的铜人或石人为“翁仲”。后世所见的翁仲，多指放置在陵墓或祠庙外的石雕人像，在东汉及其之后更为多见，有镇守和辟邪的寓意。司马贞在《索隐》中写道：“各重千石，坐高二丈，号曰翁仲。”

东汉翁仲

馆藏这件东汉翁仲，粗犷拙朴，凿痕累累。他头戴方冠，眼部凹陷，下颌尖，双手合拢持笏板于胸前，身着交领宽袖长袍，站立于方座之上。服饰以浮雕的形式呈现出袖子和下摆的轮廓，衣纹采用线刻来表现。

目前发现东汉时期的石质翁仲数量较少，所发现的翁仲中，以河南登封嵩山中岳庙翁仲、山东曲阜孔庙收藏的汉越乐安太守麃君墓前翁仲、山东石刻艺术博物馆馆藏的曲阜东汉鲁王墓前翁仲为代表。“物以少者为贵，多者为贱”，况且馆藏这件东汉翁仲运用了圆雕、浮雕、线刻相结合的雕凿手法，造型自然拙朴，重在写意，富有神韵，充分展现出中国东汉时期工匠的雕塑技艺，以及中国石刻艺术承上启下的发展脉络，具有重要的价值。

唐翁仲

唐代翁仲数量较多，分布广泛，尤其是在唐代帝都长安及其周边。在广袤的陕西关中平原上，分布着十八座唐代帝王陵墓，以及大量的王侯将相、皇亲国戚陵墓。这些陵墓前都竖立着大量的石刻，被誉为“唐代石刻

唐翁仲

艺术的露天展览馆”。在此时，陵墓前是否放置石刻，放置什么石刻，石刻数量的多少，都已然成为墓主身份的象征。《大唐六典》规定：“凡石人、石兽之类，三品已上用六，五品已上用四。”而六品以下的官员陵前则不允许放置石刻，因此唐陵前的石像生就是帝王将相、达官显贵的象征。

从乾陵开始，帝陵前竖立石刻也形成了固定规制。以南司马神道为例，从南向北依次有：石柱一对，翼马或獬豸一对，鸵鸟一对，御马和驭者五对，翁仲十对，石狮一对。早期的翁仲多为武将形象，头戴鹖冠，身穿宽袖长袍，双手持仪刀。而从唐玄宗的泰陵开始，陵前的翁仲也开始有文武之分。泰陵神道东边立有十位文官翁仲，他们头戴帻，双手持笏板于胸前，身着宽袖袍服，脚蹬卷云翘尖履；泰陵西边立有十位武官翁仲，他们头戴鹖冠，双手持仪刀，身着裲裆甲，脚蹬靴。

馆藏这件唐翁仲，头戴鹖冠，面部丰圆，眉毛粗浓，二目圆睁，身穿宽袖长袍，外穿裲裆甲，双手持仪刀立于胸前，足蹬圆头靴，站立在方形基座之上。根据其造型和尺寸判断，这件翁仲应为中晚唐时期高级贵族陵墓前的武官石像。其神态镇静，不怒自威，呈现出历经沙场的大将风度。在雕塑技法上整体采用圆雕，在衣纹的塑造上采用线刻技艺，用流畅、简练的线条表现出衣纹的层次感，方形基座上也线刻有狮子纹饰，其雕凿技艺成熟，造型精美，为中晚唐时期翁仲的代表之作。

香薰

炉烟方袅 草木自欣

博山形石香薰
汉（前206—公元220）
砂岩
高30厘米

覆钵形石香薰
唐（618—907）
骊山石
直径11厘米，高10厘米

香薰，也称“香炉”，为焚香的器皿。它的产生由来已久，古人将香料放置于香薰之上焚烧，散发的气味可以起到清新空气、驱除蚊虫、沁润衣被、安神疗疾等作用，这在贵族阶层中广泛流行。东汉应劭《汉官仪》中就有“女侍史絜被服，执香炉烧燻”的记载，这既是“香炉”一词最早的出现，亦说明了香炉在日常生活中的作用之一。古人认为焚香可以塑造出肃穆的氛围，在祭祀、典礼仪式中，通过香气的上升，可以让人凝神静气，从而达到心灵的升华。因此，香薰的用途越来越广，在日常生活和祭祀、宗教仪式中都有其应用。

香薰的材料主要有金、银、铜、陶瓷、石、木等，造型丰富多样，常见的香薰有博山炉、熏香炉、柄香炉、香囊、香袋等。汉代至魏晋时期，以博山炉最为多见，其中以西汉刘胜墓出土的错金铜博山炉和汉武帝茂陵的陪葬墓出土的鎏金银竹节铜熏炉最具有代表性。隋唐到两宋时期，由于佛教的发展，出现了一种有柄的柄香炉，供佛时方便手持，多为金属材质，目前发现较多，在法门寺地宫中即有出土，佛教碑刻作品中也经常出现此类造型的香薰。这一时期的世俗生活进一步丰富，香薰的功能更加多样，文人们常将其摆放在案头，供赏玩、陈设之用，在宴饮和歌舞娱乐活动中焚香也有助兴的效果。1970 年在陕西何家村金银器窖藏和 1987 年在法门寺地宫中都有球状银质香囊的发现，《旧唐书》记载杨玉环在马嵬坡兵变去世后，玄宗回至长安，在下令将贵妃的遗体重新改葬时发现她“肌肤已坏，惟胸前香囊犹存”，故说明此类球状香薰即为“香囊”，其为金属质地，是唐代女性随身携带之物。陕西汉唐石刻博物馆内藏有香薰数件，以及香盒、香盘等各式香器，故选择其中两件具有代表性的香薰，作一说明。

博山形石香薰

这件石香薰雕刻于汉代，博山形，盖高而尖，顶端凿有三角形孔，整个器物敦实古拙，朴素大方。

博山炉的造型在汉代开始出现，宋代赵希鹄《洞天清禄集·古钟鼎彝器辨》中有“惟博山炉乃汉太子宫所用者，香炉之制始于此”的记载。长生不老成为当时全民追求的潮流，汉武帝更是其中的代表人物。当时传说

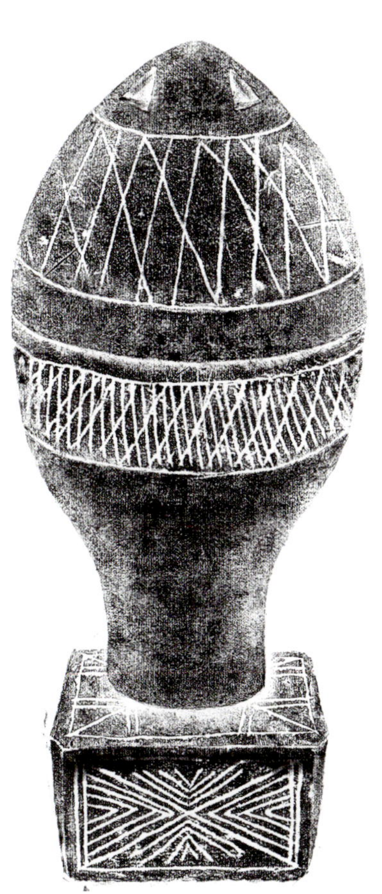

博山形石香薰及拓片

海上有博山、蓬莱和瀛洲三座仙山，见之则能求仙，于是汉代人便按照博山的样式制作出这种极富意境的香薰。

香料在炉中燃烧，香气从孔隙袅袅上升，给人置身仙境之感，又如雨后高山云雾缭绕的胜境。北宋的金石学家吕大临在《考古图》中描述：“炉象海中博山，下有盘贮汤，使润气蒸香以象海之回环。此器世多有之，形制大小不一。”佛教传入中国之前，博山炉主要用于日常生活和道教活动中；佛教传入之后，也被应用在敬佛、礼佛的佛事活动中，大量佛教造像碑上出现的博山炉线刻图像就是例证。

覆钵形石香薰

这件石香薰雕刻于唐代，为覆钵形，顶部有圆形盖，肩部镂空雕刻卷草纹饰，腹部上下刻弦纹。其雕刻工整，造型精致小巧，具有很高的审美价值。目前所见唐代石质香薰较少，而此类覆钵形石香薰发现数量更少。在 2020 年西安市雁塔区月登阁村唐杜华墓中，经考古出土有一件同样造型的石熏炉，但可惜略有残损，仅馆藏这件完好无缺，弥足珍贵。

随着唐代社会的进一步发展，各式各样的香薰应运而生，香薰的造型变化多端，纹饰和图案也更加精美，喜欢模仿动物造型雕刻，或以动植物的纹饰进行装饰。据记载，唐中宗神龙年间，安乐公主在洛阳建立安乐寺，寺中建有一座百宝香炉，集天下巧匠打造而成。《朝野佥载》记载其“用钱三万，库藏之物，尽于是矣”，足见其精美、奢华程度之高。

唐代常以檀香、麝香、芸香、沉香等作为香料，焚香不仅可以让人凝神定心、修身养性，还具有辟邪、祛病等诸多功效，不仅在日常生活中使用，在祭祀、典仪等具有礼节意义的活动中也常常出现。随着人们对香的

覆钵形石香薰及拓片

喜爱程度加深以及香的广泛应用，宋代的文人阶层还将识香、香技呈现、感知等环节进行了艺术地升华，总结为香道。于是香道、茶道、花道并行，成为人们怡情养性、体会人生和感悟生活的一种高品位修行。

雷婢姬造像碑

造像碑充作神道碑的特例

北魏永熙元年至西魏（532—556）

石灰岩

高126厘米，宽52厘米，厚18.5厘米

这通造像碑刻立于北魏末年至西魏中期之间，碑体为长方体，三面雕刻。碑阳与碑阴有浮雕图像，碑阴下部和碑左刻有题记。

碑阳开一方形大龛，含四层图像：第一层塑一佛二菩萨二弟子，佛头部损毁，有头光，着通肩搭肘式袈裟，手施无畏、与愿印，结跏趺坐（双腿盘坐），衣角下垂呈悬裳状。两侧的菩萨和弟子双手合十立于长茎莲花座上；第二层正中雕刻香炉，香炉两侧各有两位跪坐供养人像；第三层正中雕刻一力士，力士呈蹲踞状，左右两侧各有一蹲狮；第四层雕刻两位武士，武士手持兵器；龛外还线刻有帐幔、莲花、供养人像及题名，题名分别有：佛弟子弥姐副、佛弟子雷虎、佛弟子党法姬。

雷婢姬造像碑

雷婢姬造像碑 碑左

碑阴也开一方形大龛，龛上部塑一佛二菩萨二弟子；龛中部正中雕刻香炉，香炉下部有一力士双手向上托举，香炉两侧为两只蹲狮，力士两侧各有两位供养人。碑阴下部刻有文字题记。

碑文漫漶严重，主要记载了碑主雷婵姬的生平。“功曹张郎之女也”，此处应指碑主的祖母或母亲。“父祖相承，关中豪族”，说明其出身于豪贵之家。雷姓，为北朝时期泾渭流域的羌人大姓，本西羌勒姐种，以种名为氏，苻秦时期族人有位至宰相者，至北周雷氏仍为羌中豪族。碑阳题记中“佛弟子弥姐副、佛弟子雷虎、佛弟子党法姬”，除雷姓外，“弥姐”“党”亦为羌姓。

雷婵姬“年在初笄”出嫁，其夫祖籍蒲州河东郡蒲坂县，即今山西省永济市西南蒲州镇。碑文“于神龟 / 年中跨浐河□□劳□□□□ / 关陇优游”，“神龟”（518—520）是北魏孝明帝元诩第二个年号，历时两年余。浐河在西安市城东，发源于秦岭，自南向北与灞河汇流。此造像碑原出自陕西渭南，再结合碑文可推知雷婵姬的丈夫于神龟年间跨浐河迁至关中，即今陕西省渭南市境内，以至于“关陇悠游”。子，字令直，其相关介绍由于碑石漫漶不可考。

“永熙之年，海内并逆，魏□□□”，题记中出现的“永熙”（532—534）为北魏孝武帝元脩年号，历时三年。孝武帝于魏安定王中兴二年（532）被高欢扶立为帝。永熙三年（534）前往长安投奔宇文泰。不久，被宇文泰鸩杀。次年，宇文泰立元宝炬为帝，西魏正式建立。由此猜测“海内并逆”

雷婵姬造像碑 碑阳

雷婵姬造像碑 碑阴

雷婵姬造像碑 碑阳拓片

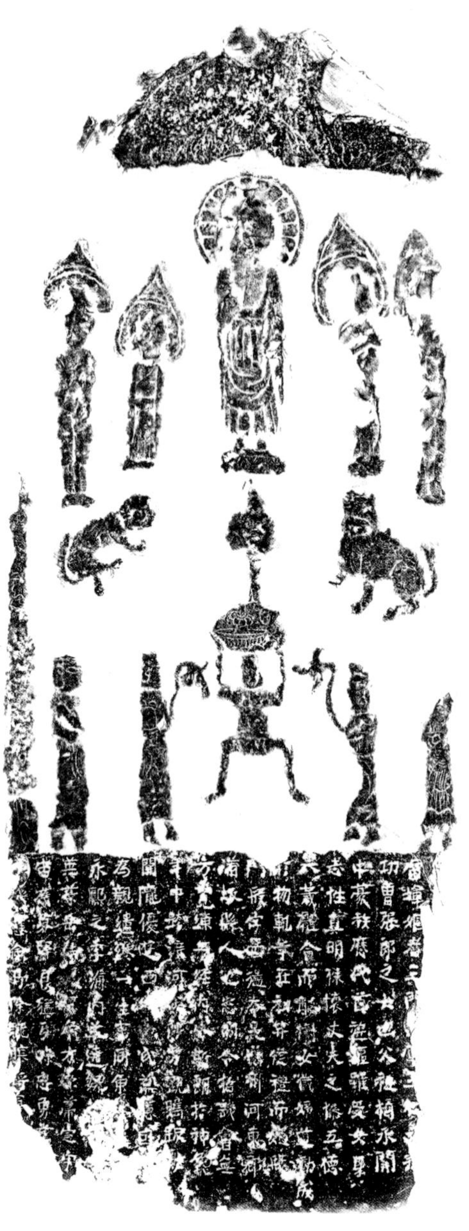

雷婵姬造像碑 碑阴拓片

指代的当为北魏末年东、西魏分立征伐之事。永熙年间，正是社会动荡之时，雷婵姬的丈夫似有参与此时的某战争或政治事件，封以龙骧将军。下文中“□□年中，寝疾而终”，遗憾的是，具体的时间由于碑文的残损不可释读。而能够明确的是，至早在北魏永熙年间，至迟在西魏大统中期，碑主因病亡故，因而竖立碑石，由此可以确定碑石刻立的大概时间区间。下文中有“其坟上高十尺，下至黄泉，棺椁相重”，对陵墓作大概描述。“物之坚固者，莫过立石。署碑于墓，永存□□”，则直接表明了此碑是为了纪念雷婵姬，放置在她的坟茔之前。

东汉以来，私立碑石蔚然成风，直至曹操在建安十年（205）颁布《禁碑令》，限制在陵前私立碑石之风。后来，该制度经西晋、北魏的多次变化，最终得以延续。碑文中使用大量篇幅记述碑主的族属家庭情况、生平经历、逝世情况等，行文格式与纪念亡者而立的墓碑碑文更为符合，较常规造像碑题记的内容差别明显。当作为《禁碑令》背景下，以造像碑充当神道碑置于陵墓之前的范例，具有神道碑的职能。

造像碑是佛教传入中国之后，与本土树碑立传的习惯结合在一起的产物，一般置于寺庙或室外醒目之处供人膜拜，而这种置于坟茔之上充作墓碑用的情况并不多见。这件造像碑兼具供养佛教和纪念亡灵的双重性质，是以佛教造像碑充作神道碑的特例，是造像碑研究的一大补充。

法华信仰

释迦多宝佛造像碑

北魏正始三年（506）

砂岩

高44厘米，宽42厘米，厚8.7厘米

释迦多宝佛造像碑两面均有雕刻，碑阳雕刻造像，碑阴刻发愿文。碑石下部残失，碑阳左上角略有损毁。

碑阳有数个小龛，其中最大者位于正中，为拱形龛，内雕释迦、多宝二佛对坐说法。二佛均为高肉髻，右侧佛身着袒右式袈裟，左手施与愿印；左侧佛身着交领式袈裟，右手半举，作说法状，二佛微微向内侧身相对，结跏趺坐。袈裟均刻密集平行线纹，衣角外侈。二佛左右两侧各塑一位胁侍菩萨，菩萨头戴莲冠，左侧菩萨左手下垂，右手抬起置于右肩处；右侧菩萨双手合十而立。其余小龛围绕在大龛四周，大龛上部现存两个小圆拱形龛，右侧龛龛形竖长，内塑一菩萨像，菩萨手执乐器；中部圆拱形龛内

释迦多宝佛造像碑 碑阳

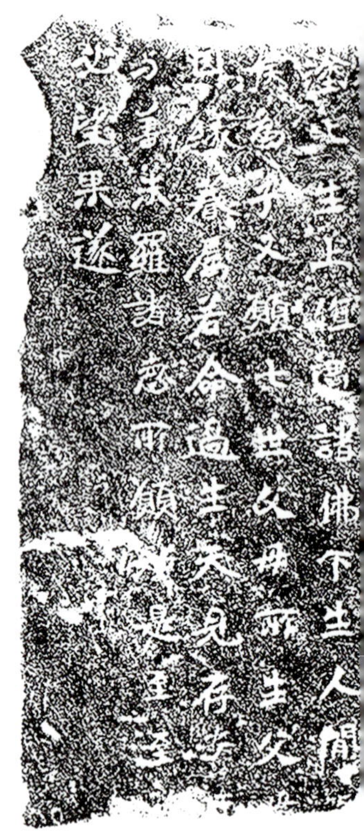

释迦多宝佛造像碑 碑阴及拓片

塑弥勒菩萨，菩萨头戴宝冠，着交领式袈裟，交脚而坐，左右两侧各有一胁侍菩萨。大龛左右两侧又各有一小龛，右侧龛内塑菩萨像，菩萨周身有披帛环绕；左侧龛内塑一坐佛，佛陀高肉髻，着通肩式袈裟，双手施禅定印。

碑阴刻发愿文表明造碑缘由，内容为：

（正）始三年四月八日清信女□□/有幼女公主以去今年正月□□/夺其愿忽然夭折情眷下慜□□/申故为之造释迦文佛一区□□/夫冥源虚冲非灵鉴莫照妙果□/非功业不就是以清信女赵□□/缘此福故为□女公

主造石象□/愿亡女自今已后超澄八难永□/涂上生上值遇诸佛下生人间□/俟为子又愿七世父母所生父□/因缘眷属若命过升天见存安□/与善未罗诸恚所愿如是至至/必望果遂

此碑的造像风格古朴简约，佛像五官简单刻画，衣纹用密集的平行线纹塑造，属典型的北魏时期造像。其余装饰纹样也较为简单，富有民间意趣。此碑的主要题材为释迦、多宝并坐说法，该题材来源于《法华经》，在社会各阶层传播甚广。《法华经》译本众多，以鸠摩罗什所译《妙法莲华经》最为著名。

“二佛并坐说法”的典故见于《妙法莲华经·见宝塔品》，释迦牟尼说《法华经》时，多宝佛所处的七宝塔从地涌现，释迦牟尼以右指启塔门，入塔坐于多宝佛分出的半座上，二佛同在塔中狮子座上结跏趺坐说法。得益于北魏皇室对法华思想的大力推广，“二佛并坐”题材无论在皇家石窟还是在民间造像中都广泛存在，云冈石窟中就保留了大量“二佛并坐说法”题材的造像，对麦积山石窟、莫高窟也产生了重要影响。“二佛并坐”题材成为中国北方地区北朝至隋代盛行的佛教造像题材之一。

吴定国佛道造像碑

国祚兴隆　人民安宁

北魏神龟二年（519）

石灰岩

高160厘米，宽63厘米，厚30厘米

吴定国佛道造像碑为三面雕刻，碑阳与碑阴上部开龛造像，碑阳下刻供养人像和姓名，碑阴下刻发愿文，碑右雕刻供养人像和姓名。

碑阳上部开拱形龛，内刻道教一主尊二侍从。主尊面部残损，身穿交领道袍，手执麈尾。麈尾是以鹿类动物的尾部制成，有拂秽清暑的作用。据说群麈迁徙，前麈的尾部摇动，可以指挥麈群行走的方向，于是引申为领袖，麈尾成为汉魏时期名士们手中彰显个人地位的器物。在造像中，麈尾多为道教主尊手执。龛上线刻阙楼，龛下线刻有牛车出行、骑马出行图，还间杂有猕猴、细犬撵兔等图案，场面宏大，线刻稚拙生动，图像正中有题记“扬威将军吴定国”。底部线刻两排供养人像及题名，上排十人，下排九人。碑右亦雕刻有供养人像和姓名，均为吴姓，故从内容看此碑为吴氏家族所供养。

吴定国佛道造像碑 碑阳及拓片

碑阴上部开拱形龛，龛内有一佛二菩萨，佛面部残损，着交领袈裟，右手施无畏印，左手施与愿印，结跏趺坐。下方有题记，书法方正遒劲，洒脱自然。

吴定国佛道造像碑 碑阴及拓片

大代岁□己亥神龟二年三月庚辰朔，冯翊郡高陆县民吴定国，愧生死重迷，不识真法，是以如来布教，悟心自觉。掬名山之石，搜吁良匠，显唱之处，上为帝主造石像一躯，相好俱佑，以金真穴成，就愿国祚兴隆，

吴定国佛道造像碑 碑右拓片

人民安宁，为七世父母、所生父母超度八难，永□福堂，愿见在眷属长命，先受万苦，悚护众德，消除□愿，从心朝阳，幢主吴伯佘。

从造像性质来看，这通碑属于佛道合一造像碑。此类造像碑产生于北魏，流行于中原北方的广大地域（南北朝时期，佛教造像主要集中于中原北方地区、四川地区、长江中下游地区），是域外佛教与本土道教文化相结合的产物。它的产生依赖于特定的历史背景，北朝时期的北方多民族杂居，羌、胡、汉的民族融合促发了中原民俗、道教和佛教信仰在基层民众之间的激烈碰撞。佛教传入初期，对于百姓而言，佛教也好，道教也好，都是可以保佑自己的神仙，对于佛教与道教造像的雕刻较为开放，于是学者将这一时期称为“仙佛时期”。北朝时期的鲜卑族多信仰域外的佛教，大力宣扬佛教思想，到处开凿石窟、开龛立像；而本土道教在基层民众心中又有一定的信众基础，特别是寇谦之创立新天师道后，获得了很大成功，一时间道教信仰又有兴起之势。加之时局动荡、战乱频繁，百姓对于祈求安宁、消灾弭祸的需求急剧增加，故而将道、释造像凿于一碑，以祈求神明保佑。佛道造像碑在陕西地区尤为多见，也成为陕西地区造像艺术的一大特征。

佛教造像碑

众生祈愿

北魏永安三年（530）

砂岩

高47.5厘米，宽38.5厘米，厚16.5厘米

这件造像碑上部残损，现存碑体分上、下两部分。

碑体上部中央开一拱形龛，龛内塑一佛二弟子，龛外两侧凿浅龛，塑二菩萨。佛头部、手部残毁，身着通肩式袈裟，右侧衣带搭于左臂，结跏趺坐。二弟子身着双领下垂的宽袖佛衣，立于莲花座之上。左外龛菩萨仅残存头部，戴宝冠，其上残存半身飞天。右外龛菩萨头部缺失，左手半举，右手下垂执宝瓶，身着圆领长裙，璎珞在身前交叉缠绕。

碑体下部中央雕刻博山炉，香炉两侧各雕一蹲狮。二狮侧蹲，正面望向来人，体形较瘦，鬃毛卷曲茂盛。其余装饰图案有帐幔、宝相花等。

碑两侧铭文漫漶不清，有“……愿亡父母借此微因，上生天上……永

佛教造像碑

佛教造像碑拓片（局部）

安三年岁次庚戌建”字样，表明造碑缘由。

佛教造像碑 侧面铭文

香炉与蹲狮是中国古代佛教造像中的常见题材。香炉是佛教用具，一般雕刻于造像碑的下部空间或佛座的正前方，以博山炉最为常见，用于营造山峦与云气相偕的佛国意境。香炉也常与狮子或供养人形象一起出现，形成固定的组合形式。

狮子原产于非洲与西亚等地，在佛教中具有护法兽的含义，也被用于佛座的塑造。造像碑中的狮子一般成对出现，多雕刻于主龛下方的香炉两侧，作为佛的护法神兽。早期造像碑中的狮子体形瘦长，身有双翼，鬃毛不明显，与中亚地区流行的格里芬形象相近。北魏中期以后，造像碑中的狮子开始向身体粗短、毛发茂盛卷曲的形象发展，逐渐成为当今民众所熟知的狮子形象。

辛虬墓志

宽博质朴魏碑体

北魏永熙三年（534）

石灰岩

志石：长63.3厘米，宽67厘米，高10.3厘米

辛虬墓志志文楷书，共25行671字。墓志录文如下：

魏故使持节抚军将军相州刺史辛君墓志铭并序

君讳虬，字龙驹，陇西狄道人也。自聪辉五色，继轨三宗，莫不世积冠盖。时播烋美，故以事蔼□□，声□素论，祖赵郡器，望居宗光，显开辅考，陇西仪范。当时韡韡邦族，君□承□德，□□积善，资灵诞秀，禀和茂质，少克岐嶷之姿，长怀雅亮之度，学□□□□悟□达体孝友，以立性敦仁，义以成名，解褐城阳王参军事，又为平西府主簿蕃房，再履光替六条，仍转平州治中，乡闾宿钦，服膺久矣。及蒙抚纳，长幼歌悦，新銮舞蹈，□蒋济之酖酒，绝时苗之忿恨，出除白水太守，下车为政，悬榆待

士，宽猛相济，威德并行，时雨如化，望火犹烈，雨岐五袴，俄尔登望，双鹰三虎，倏焉易感，及折辕将迈，卧辙而归，既失淮阳之守，实悲山阴之老，入加通宜散骑常侍、右将军、太中大夫，假节慰劳，喻以皇风，选充八使，廓清千里，言昔台乡，复在今日，因授散骑常侍、征虏将军、秦州刺史，貂蝉岕珥，襜惟望卷，君忘退非情，心足有分，遂即辞疾逊位，还第等元乡之寂，莫同儒文之优游，以彼百城，贸兹三侄，不慭遗老，春秋七十七，以普泰二年十月廿二日遘疾薨于家，朝野悲欢，皇上伤愍，乃下诏曰故散骑常侍、征虏将军、秦州刺史辛虬，识性恢明，干用通济，不幸徂殒，用恻平情，可追赠使持节都督、相州诸军事、抚军将军、相州刺史，谥曰烈，礼也。粤以永熙三年正月甲申朔十二日丙申葬于山北县堺，日居月诸，陵谷互异，虽丹册素简，以编延阁，玄石清猷，复勒寿堂，乃作铭曰：

陇岫磬灵，渭流钟礼，诞物伊何，笃生夫子，器逾百炼，名称千里，风神秀迈，雅怀英时，誉美登朝，才华入仕，亟游州府，每禮声芳，同僚慕节，共觿推良，又绾银艾，复珥金珰，俘虎无迹，丰貂有光，青緺既禘，朱骖载扬，方布新政，衣锦旧乡，时运易谢，物化难违，奄从风烛，溘如露晞，远日将晦，大夜潜辉，昔游绛阙，鹄盖齐归，今适幽壤，龙□异依，松门飂飗，泉户峥嵘，天长地久，保此人生，高垄欝起，穷灯散明，徒知杳杳，空识冥冥，永言芳烈，式昭泩城。

辛虬墓志

魏故使持節撫軍將軍相州刺史辛君墓誌銘并序
君諱虬字龍[illegible]隴西狄道人也自聰輝五色迹軏三宗莫不世積冠蓋時
播徂美故以事詢[illegible][illegible]論祖趙郡嚣望居宗光顯開輔彥隴西儀
範當時[illegible][illegible]艷族[illegible][illegible]積善資靈誕秀稟和茂質少克岐嶷
之姿長[illegible]雅[illegible]之學[illegible][illegible][illegible]達體孝友以立性敦仁義以成名
[illegible]稽城陽王參軍事又為平西府主簿[illegible][illegible][illegible][illegible][illegible]八條仍轉平州治
中鄉閭宿欽[illegible]膺人[illegible]及蒙撫納長幼歌悅新[illegible][illegible][illegible]將[illegible]之酖酒絕
時苗之忿恨出除白水太守下車為政懸擔待士寬猛相濟威德並行時
雨如化澄火猶烈兩岐五袴俄介登謹雙鴈三嘉[illegible]為易感及析轅將邁
臥轍而歸既失淮陽之守實悲山陰之老今加通直散騎常侍右將軍太
中大夫假節慰勞喻以皇風選充八使鄉清千里吾臺御復在今日曰
授散騎常侍征虜將軍秦州刺史貂蟬紆珥[illegible][illegible][illegible][illegible]君[illegible]退非情心是
有公遂即辭疾遜位還第等元卿之辭莫高[illegible]之優遊以後百城貿茲
三徑不慭遺老春秋七十七以普泰二年十月廿二日薨於家朝野
悲歎皇上傷愍乃下詔曰故散騎常侍[illegible]將軍秦州刺史辛虬識性
恢明幹用通濟不幸徂殞用惻乎情可追贈使持節都督相州諸軍事撫
軍將軍相州刺史謚曰烈禮也粵以永熙三年正月甲申朔十二日丙申
窆於山北縣塌曰居月諸陵谷互異雖刊冊素簡以編延閣玄石清猷復
勒壽堂迺作銘曰
隴岫馨靈渭流鍾祀誕物伊何篤生夫子器逾百練名稱千里風神秀邁
維懷冀時譽美登朝才華入仕亟遊州府每禮聲芳同僚慕節共職推良
又綰銀艾復珥金璫浮虎無蹤豊貂有光青綢既稀朱驂載揚方布新政
衣錦舊鄉時運易謝物化難違奄從風燭溘如露晞遠日將晦大夜潛輝
昔遊絳闕鵠蓋齊歸今適幽壤龍輴異依松門颸颸泉戶崢嶸天長地久
促此人生高龍欝起窮燈散明徒知杳杳空識冥冥永言芳烈或昭洼城

辛虬墓志拓片

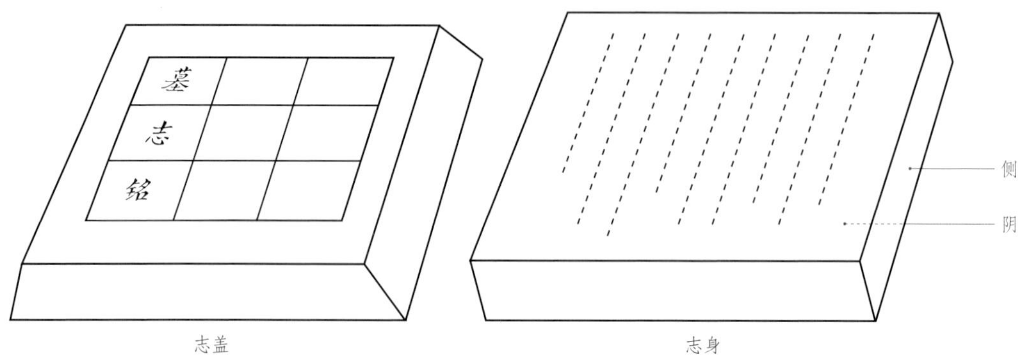

志主辛虬，陇西狄道人。志文中不乏溢美之词，形容其性情敦厚、仁义等。他先后任城阳王参军事、平西府主簿、平州治中、白水太守、通宜散骑常侍、右将军、太中大夫、散骑常侍、征虏将军、秦州刺史，北魏普泰二年（532）十月因病去世于家中，终年七十七岁。北魏孝武帝特下诏追赠其为使持节都督、相州诸军事、抚军将军、相州刺史，谥号为“烈”。永熙三年（534）正月归葬于长安的山北县，也就是今天陕西省西安市长安区引镇附近。这件墓志的书法宽博质朴，方圆兼备，为魏碑中的上乘之作。

东汉时期，厚葬之风盛行，一时间树碑立传的风气愈演愈烈，耗费了大量的财力和劳动力。东汉末年，曹操为抑制奢侈浮华的厚葬之风，提倡薄葬，立法禁止立碑。到西晋、南北朝时期，政府多次下达《禁碑令》，使得地上的碑石数量骤减，但也直接促使了墓志的产生。从秦汉开始，已经有刑徒砖出现，其也被部分学者纳入墓志的范畴。事实上受《禁碑令》

的影响，贵族豪强们就将原应立于墓前的墓碑转入地下，放置在陵墓之中，凿刻文字，记述墓主生平并歌功颂德，于是产生了真正意义上的墓志。墓志的形制多种多样，有圜首的碑形墓志、长方体墓志、龟形墓志、函盝式墓志等，以函盝式墓志为主。函盝式墓志分为志盖和志身两部分，志盖为盝顶形，多以篆书刻写墓主的身份，覆于志身之上；志身为方形或准方形，上边刻写志文，志文内容包括榜题、墓主族属、生平经历、埋葬信息和志铭等部分。墓志由于其本身所包含的丰富历史信息和精美的制作，成为证史补史和书法临摹与研究的重要材料，具有重要的历史价值和艺术价值，历年来备受重视。

千佛造像碑

千佛千面

北魏（386—534）

砂岩

高59厘米，宽46厘米

这通碑现仅存原碑的左上部分。现存部分由千佛及一残损佛龛组成，千佛共十排，佛龛上部每排现存八尊小佛，佛龛左侧每排五尊小佛。残损佛龛位于残碑右下角，仅剩半身佛像及左胁侍菩萨。佛为高肉髻，脸型方正，双手平伸在胸前交叠结转法轮印，身着圆领袈裟，肩搭长巾，巾角在手肘处缠绕。左胁侍菩萨头戴花冠，面相清瘦，颈部绕长巾下垂，右手在胸前举物，左手执净瓶，垂于身侧。此碑中佛、菩萨造像均肩披长巾，刻密集平行线式衣纹。千佛形制基本相同，佛衣用数道粗弧线刻画，造型古朴，富有民间意趣，从其造像风格判断此碑应为北魏时期制作。

千佛是北朝佛教造像的常见题材之一，从字面上理解为“一千尊佛”，

千佛造像碑及拓片

但此处的“千”并非实数，而是表示数量之多。大乘佛教有“三世三千佛”之说，“三千大千世界，充满诸佛，犹如甘蔗、竹、芦、稻、麻、丛林，诸如来集，其数若丝”，简称“千佛”。“千佛”题材最早见于炳灵寺石窟第169窟，东壁窟口处有千佛像，莫高窟、麦积山石窟、云冈石窟中也

千佛造像碑（局部）

多见此题材，它也是佛教造像碑中的常用题材。林梅先生将“千佛”的表现形式归结为七种：一是以观释迦牟尼像而表现化佛；二是以观三世十方诸佛像而表现十方诸佛；三是以观释迦多宝并坐而表现十方化佛；四是以观弥勒佛而表现贤劫千佛与星宿劫千佛；五是以观维摩文殊辩法而表现贤劫千佛；六是以观七佛而表现化佛；七是根据《佛名经》观千佛。

彩绘砂岩千佛造像碑

面条佛

北魏（386—534）

砂岩

高42.5厘米，宽28.7厘米，厚5厘米

这通彩绘砂岩千佛造像碑，属北魏时期风格。造像碑右上角略残缺，碑石雕刻分为上、下两部分：上部雕凿两排小方形龛，每排内塑六尊小坐佛，坐佛形制相同，高肉髻，统称为“千佛”；下部为一大龛，龛内雕塑一佛二菩萨像，雕刻手法粗疏，工艺简朴，对佛与菩萨五官仅略作刻画。佛陀居中结跏趺坐，高肉髻，面相方圆，耳垂饱满。根据佛教理论，佛陀是智慧和慈悲的化身，有“三十二相、八十种好”，耳朵宽厚、耳垂较大是“八十种好”之一，代表着对世间万物的聆听和理解。佛陀右手半举于胸前，左手置于腹部，着交领式袈裟，衣摆在身侧散开。二胁侍菩萨身形瘦长，上着交领衣，下着长裙。难得的是，这件造像碑上还有彩绘残留，

彩绘砂岩千佛造像碑

龛内佛像与菩萨像彩绘红色头光，佛衣上的朱砂彩绘隐约可见，而在上部的千佛龛中，个别龛内还保留有浅绿色背光。

关于佛陀的服饰，在使用上有严格的典籍规范，《四分律》记载佛衣由内而外分为三层，也称“三衣”，最外层名“僧伽梨”，是为大衣；中层名“郁多罗僧”，是为上衣；里层名“安陀会”，是为内衣。佛教传入中国初期，佛衣具有明显的印度风格，流行通肩式、袒右式佛装。北魏中期以后，佛装在形制上逐渐开始融入本土元素。这件造像碑中佛与菩萨均着交领式佛装，交领式衣为中国传统服装样式，并不属于典籍所规定的佛装范畴，这也是佛教传入中国之后的一大创新。而在衣纹的刻画上，采用了平行密集的条棱状线条表现，用简练的线条表现了佛衣的褶皱，粗疏中却有着质朴的美感，民间往往将具有这种特点的佛像称为“面条佛”。平行密集线条的佛衣屡见于北魏时期关中地区的造像中，日本学者松原三郎称这种衣纹雕刻方式为“鄜县样式”（鄜县即今陕西省延安市富县），罗宏才先生将这种特点称为“北地样式”，主要发现于陕西北部、西安周边及甘肃东部地区，具有鲜明的地域风格。

佛道造像碑

仙佛时期的宗教包容

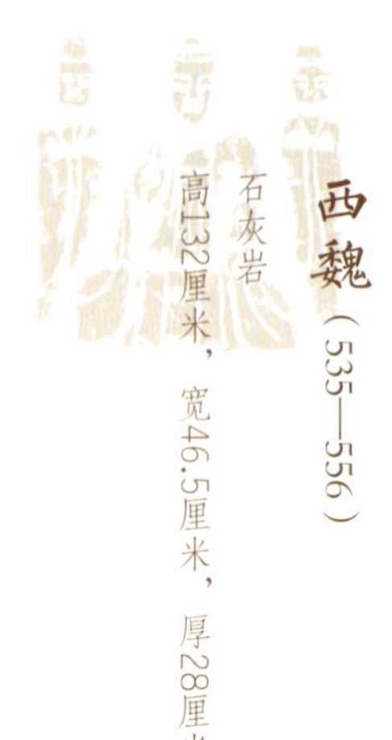

西魏（535—556）

石灰岩

高132厘米，宽46.5厘米，厚28厘米

这通造像碑呈扁碑形，上小下大，四面雕刻，碑阳、碑右刻佛教题材，碑阴、碑左刻道教题材。

碑阳上部中央开一拱形龛，龛楣以阴刻线的形式呈现。龛内塑一佛二弟子二菩萨。佛陀居中，肉髻低平，脸型方圆饱满，耳垂硕大；身着双领下垂式袈裟，内着僧祇支，右边衣角搭在左肘处，衣纹在腹前呈平行的“U”形，衣摆下垂，衣角垂于龛外，是北魏晚期至西魏时期流行的佛衣样式；佛陀右手施无畏印，左手施与愿印，半结跏趺坐，露出右足。佛陀两侧为二弟子，右侧弟子头部损毁，左侧弟子面形方圆，二弟子均着双领下垂式佛衣，拱手而立。二弟子外侧为二胁侍菩萨，右侧菩萨保存不佳，左侧菩

一佛二弟子二菩萨

碑阳线刻（局部）

佛道造像碑　碑阳

佛道造像碑拓片

佛道造像碑

萨头顶束低平发髻，脸型方圆饱满，身着圆领长裙，披帛在肘间缠绕，垂于膝前。下部又分三层，最上层线刻香炉与二神鸟，神鸟下方线刻卷草纹用以分隔画面；第二层线刻二飞天，身形飘逸，衣袂翩飞；第三层线刻佛陀涅槃图，佛陀面部慈祥，身体右卧躺于榻上，众弟子环绕在旁边，两侧的弟子面部平和淡然，中间的几位弟子悲怆不已，甚至面部已经扭曲化了，床榻下方线刻香炉、莲花及供养童子。

碑阴上部中央亦开拱形龛，龛顶高度低于碑阳龛顶。龛楣以阴刻线刻画，龛内仿佛教“一佛二菩萨二弟子”样式雕刻一位天尊和四位侍者形象。天尊呈坐姿，头戴十字交叉的板形笄冠，身着宽袖道袍，腰间束带。尊者两侧的侍者头戴冠饰，拱手而立。下部分两层，上层线刻一香炉与二蹲狮；下层线刻一位呈坐姿的道教尊者及二侍者，尊者头戴十字交叉的板形笄冠，身着宽袖道袍，尊者两侧的侍者头戴冠饰，拱手而立。

从造像风格来看，馆藏这通佛道造像碑，佛与胁侍像均肌骨饱满，身如圆柱，属于典型的西

佛道造像碑（局部）

魏长安地区造像风格。道教形象虽与之性质有别，风格上却十分统一，具有头大身直的体形特点。

从造像性质来看，这通碑属于佛道合一造像碑。此类造像碑是域外佛教与本土道教文化相结合的产物。东汉末年，战乱连绵，时局动荡不安，百姓苦不堪言，急需内心的安慰和祈愿，这时宗教便发挥了作用。佛教思想引导信众们依律受持，约束言行身心，断恶行善，一定程度上起到了积极的作用，因此某些佛教思想很容易被古代皇权统治者所利用，借助其加强对民众的心理控制。罗宏才先生认为：“佛教在东渐中土以后，由于其所宣扬的三归、五戒、六道等教义与统治阶级醉心倡导的愚民政策相一致，因而迅速受到帝王人主的青睐。”另一方面，北朝时期，为打破根深蒂固的儒家统治思想，作为统治者的鲜卑人自然更加依靠同样外来的佛教思想，作为他们统治权力的理论支持。以上原因都使得佛教在这一时期非常兴盛，皇家多次大规模组织开凿云冈石窟、龙门石窟等，普通民众也纷纷结成社邑，或举家族之力，凿碑立像，表现出崇信佛教的狂热场景。

土生土长的道教，经历了漫长的发展之路，在民众的内心已经根深蒂固，不论上流社会还是底层民众无不追求着长生升仙。北魏太武帝时期，寇谦之倡导道教改革，创立新天师道，《魏书·释老志》记载太武帝“亲至道坛，受符箓，备法驾，旗帜尽青，以从道家之色也”，甚至改元为“太平真君”。因此，道教在此时也有着十分广泛的信仰基础。

在当时的社邑或家族中，可能会出现一部分人信仰佛教，另一部分人信仰道教，甚至有人对仙、佛同时信仰，于是将佛像与道像同时雕镌在一通碑石之上，从而产生了此类佛道造像碑。

尉迟伐墓志

北朝风云见证者

西魏大统十四年（548）

石灰岩

志盖：顶长38厘米，宽38.3厘米
底长47.6厘米，宽48厘米
高12.5厘米

志石：长47.5厘米，宽47.8厘米，高13.6厘米

尉迟伐墓志并盖，志盖盝顶形，篆文阴刻“魏故仪同定公尉迟伐君墓志”12个字。志文共371字，字体明显有隶书向楷书转折的特点。墓志录文如下：

魏故使持节车骑大将军仪同三司朔州刺史房子定公尉迟使君墓志

公讳伐，字各伐，河南洛阳人也。曾祖父吐嵇延，道武皇帝时为左箱内行阿千西部尚书安憙公。其先世雄北方，为国蕃屏，公以建义元年除威烈将军。永安末，除宁朔将军射声校尉。普泰中，除平北将军太中大夫。永熙末，都督典兵。大统初，除镇北将军金紫光禄大夫，以功封深泽乡男，寻改封房子县开国公，食邑千户，加散骑常侍大都督天水太守。三年，行

原州事，入兼武卫将军。九年，使持节本将军行北雍州事。十三年，都督北道四镇诸军事镇北地。春秋五十有九，以大统十四年三月九日遘疾薨于位。赠使持节车骑大将军仪同三司朔州刺史，谥曰定公。其年十月廿二日葬于长安北原，公以雄果著名，常典戎政，勇略兼振，世称良将，功书王府，故不具载，唯序其历位云尔。

夫人恒农刘氏回洛郡君

长子平高

次子平原

次子平亮

次子平昌

次子平杰

次子平安

大统十四年岁次戊辰十月戊子朔廿二日己酉

根据志文介绍并联系相关史籍可知，志主尉迟伩，出身鲜卑贵族。其先祖世居北方，以强大的军事实力镇守疆土。

北魏末期，政治腐败，统治阶级内部矛盾也日益激化。胡太后为控制中央权力，毒死了其子北魏孝明帝，此时驻扎在太原一带的胡人酋长尔朱荣以此为借口进军洛阳，立元子攸为孝庄帝，并最终在河阴将胡太后和傀儡皇帝元钊投入黄河，史称“河阴之变”。河阴之变后，建义元年（528）

尉迟伐墓志盖拓片

尉迟伐墓志拓片

尉迟伐出任威烈将军。随着尔朱荣的专横跋扈，其与孝庄帝之间的权力斗争日趋严重，永安三年（530），孝庄帝趁尔朱荣朝见时将其杀死。紧接着尔朱荣的侄子尔朱兆率领军队从并州进发洛阳，缢杀孝庄帝，扶植元恭为节闵帝。此时尉迟伐被封宁朔将军射声校尉。节闵帝在普泰二年（532）被高欢所废，不久后遭毒杀。此时尉迟伐任平北将军、太中大夫。永熙三年（534）北魏孝武帝为摆脱高欢的控制前往长安投奔宇文泰而被杀，尉迟伐为都督典兵。大统元年（535），宇文泰立元宝炬为帝，建立了西魏政权，此时尉迟伐被封镇北将军、散官金紫光禄大夫，因功赐爵深泽乡男后不久又改封房子县开国公，一时间风光无限。通过种种事迹，联系当时的社会背景，可以想象到这些官职的调整应当都与其政治策略有着密切联系。河阴之变时，尉迟伐应当是作为尔朱荣的势力，在尔朱荣被杀后，旋而支持尔朱兆。在孝武帝来到长安并被宇文泰诛杀时，尉迟伐在此之前或恰在此时投入宇文泰的政治阵营之中，应当也为宇文泰杀孝武帝和建立西魏政权提供了诸多帮助，而“以功”受封。而其在大统三年（537）、九年（543）和十三年（547）的三次受封，应当都是在西魏政权和东魏战争的过程中，因战功或时局的需要而先后受封。最终，尉迟伐于西魏大统十四年（548）三月因病薨于任上，同年十月葬于咸阳，谥号“定公”。夫人刘氏，育有六子。

菩萨立像

清净庄严累劫修

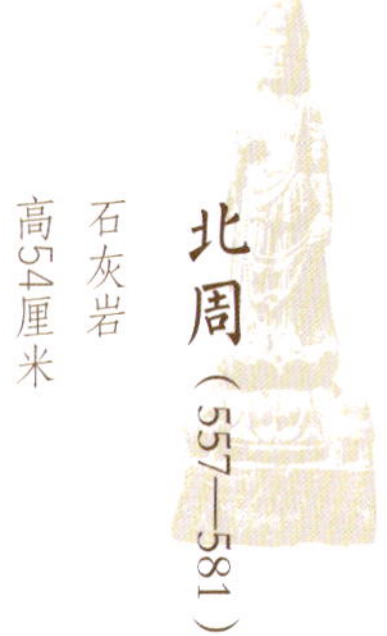

北周（557—581）
石灰岩
高54厘米

菩萨，是“菩提萨埵”的略称，意为“追求觉悟的有情众生”。在佛教体系中，菩萨是一方面自我修行积累功德，一方面无私地为他人带来智慧和救度，不断追求完全的觉悟而成佛的人，仅次于佛陀的果位，受到广大教众的信仰崇拜。多数学者认为，“菩萨”的概念出现于公元前后，是佛教体系中的重要组成部分，大乘佛教认为菩萨通过坚持行菩萨道，而逐渐觉悟成佛，因此菩萨的出现和被信仰，也是大乘佛教兴起的重要标志。菩萨的种类繁多，常见有弥勒菩萨、观世音菩萨、文殊菩萨、地藏王菩萨、大势至菩萨等。形象上，菩萨常戴有头冠，上身袒露，下身着裙，装饰颈饰和瓔珞。菩萨像有的为单独雕刻，有的是与佛像一起形成组合，雕刻成“一佛二菩萨像”或“一佛二菩萨二弟子像”。

菩萨立像

菩萨立像（局部）

这件菩萨像为圆雕单体立像。菩萨头戴宝冠，面部丰润，眼睛半睁似冥想状；上身袒露，斜披络腋，身躯略有倾斜，腹部微隆；下身着裙，长裙系于腹前；衣纹线条简洁流畅，璎珞挂于右肩垂至膝下。菩萨左手执璎珞，右手握摩尼宝珠略微抬起，跣足立于仰瓣莲座上。仰瓣莲座底部有覆莲基座，中间有榫卯固定，形成双层的莲花基座，覆莲基座的两侧各有一只雄狮，其鬃毛卷曲，昂首挺胸蹲坐在前。

区别于无任何饰物装饰的佛像，菩萨像源于悉达多太子出家前的贵族装束，身体常佩戴有宝冠、耳铛、颈饰、璎珞、臂钏、腕钏等，佛家经典《中阿含经》记载：“沐浴香薰，著明净衣，华鬘、璎珞严饰其身。”菩萨头戴宝冠，而这种宝冠从北朝晚期起在中原北方各地区开始流行，宝冠正面装饰有圆形或椭圆形的摩尼宝珠，有单珠或三珠，摩尼宝珠为佛教供养具，表示光明和闪耀的光芒。这尊菩萨头戴的宝冠中装饰有圆形的摩尼宝珠，宝珠外部有尖拱形的装饰，“坐落”在五瓣莲座之上，宝冠上还装饰有各类珠宝和花卉，

菩萨立像（局部）

菩萨立像 侧面

造型华丽。璎珞由珠玉串接而成，有披挂在颈部并交叉于胸前再垂至腿部两侧的“X”形璎珞，也有如这尊菩萨像中披挂在肩部下垂至腿部的样式等。在面部塑造上，由于早期佛教受犍陀罗艺术的影响，菩萨总以王者或圣者的形象示人，面部庄重严肃，但随着佛教逐渐向世俗化发展，菩萨面部也产生着微妙的变化，由“塑神”逐渐走向“塑人”，嘴角略带微笑，神情平和、恬静，犹如生活在人间的和蔼长者。总之，这尊菩萨立像表现了中国古代菩萨信仰的兴盛，整体形象华贵而含蓄，也不失为佛教艺术中的精品之作。

宇文贤墓志

北周皇族的霞天

北周大象二年（580）

石灰岩

志盖：顶长37厘米，宽36厘米

底长43厘米，宽42.5厘米

高7.3厘米

志石：长42.7厘米，宽42.5厘米，高12.4厘米

宇文贤墓志并盖，志盖盝顶，篆题“大周故毕国公之墓志”。志文楷书，共9行83字。墓志录文如下：

大周故毕国公墓志

公讳贤，字乾阳。世宗明皇帝长子也。爵位始终存乎史策，以大象二年岁次庚子六月乙卯朔十七日辛未薨乎第，春秋廿二。其年十月癸丑朔廿日壬申，诏葬于洪渡乡洪坡里。赠毕国公，谥曰赖。

志主宇文贤，字乾阳，北周文帝宇文泰之孙，明帝宇文毓的长子，其母徐氏。保定四年（564）宇文贤被封爵毕国公，建德三年（574）又晋封为毕王，先后担任华州刺史、荆州总管、大司空、雍州牧、太师等职位。《周

宇文贤墓志盖拓片

大周故畢國公墓誌
公諱賢字乾陽
世宗明皇帝長子也爵位
始終存乎史策以大象二
年歲次庚子六月乙卯朔
十七日辛未薨乎第春秋
廿三其年十月癸丑朔廿
日壬申詔葬于洪渡鄉
洪坡里贈畢國公謚曰頓

宇文贤墓志拓片

书》卷十三《列传第五》记载："毕剌王贤，字乾阳。保定四年，封毕国公。建德三年，进爵为王。出为华州刺史，迁荆州总管，进位柱国。宣政中，入为大司空。大象初，进位上柱国、雍州牧、太师。明年，宣帝崩。贤性强济，有威略。虑隋文帝倾覆宗社，言颇泄漏，寻为所害，并其子弘义、恭道、树娘等，国除。"

北周第四位皇帝宣帝宇文赟即位后沉溺酒色、荒淫无度，甚至为自己立下了五位皇后，即位第二年又下诏传位给年仅七岁的长子（即北周静帝宇文阐），而自称天元皇帝。宣帝荒淫暴虐，即位两年就早早去世，年仅二十二岁。自此之后，作为辅政大臣、大丞相的杨坚掌握了北周的实际政权。大象二年（580）六月，宇文贤为了防止杨坚专政篡权，联合了赵王宇文招、陈王宇文纯、越王宇文盛、代王宇文达、滕王宇文逌密谋诛杀杨坚，不幸提前走漏了风声，而被捉拿斩首，终年二十二岁，并给予恶谥"赖"。公元581年，杨坚接受了北周的最后一位皇帝北周静帝的禅让，定国号为"隋"，北周王朝从此退出了历史舞台。

墓志作为十分重要的石质文献，有着补史、证史和改史的作用。《周书》中称宇文贤为"毕剌王贤"，记述其谥号为"剌"。而志文中明确写道"谥曰赖"。宇文贤因为密谋反对隋文帝而被杀，并且一同密谋起事的五位叔父也被赐予恶谥，所以被赐恶谥为"赖"这一说法也更加合理。相比于唐代令狐德棻编著的史书而言，墓志是由当时的人来撰写和刊刻，在志主生平事迹方面的记载会更加准确，故而该墓志可以纠正《周书》中所记载的宇文贤谥号的错误。

杜粲墓志

文武兼备杜使君

隋大业三年（607）

石灰岩

志盖：顶边长57.2厘米
底长64.4厘米，宽65.4厘米
高9.5厘米

志石：长64.7厘米，宽65厘米，高11厘米

杜使君墓志

杜粲墓志并盖，志盖盝顶，篆书刻写“大隋使持节上开府杭州总管朐山郡开国公故杜使君之墓志”25字。志文36行，共1257字。墓志录文如下：

大隋使持节上开府杭州总管朐山郡开国公杜使君墓志

公讳粲，字世谨，京兆杜陵人也。夏曰御龙，周称唐杜，因封命氏，遂乃开家。侯服标于重业，卿相传于史册。崇基与五岳俱峻，灵源同九河共远。立德立功，葳蕤谱谍，惇史已详，宁俟商确。曾祖嗣，京兆太守。祖光，雍州别驾。父合龙，雍州治中，俄迁别驾、金紫光禄大夫、弘农等五郡太守、散骑常侍、使持节、仪同三司、齐州刺史，赠泾州刺史，舄弈盛绪，蝉联远胄，汪汪等万顷之坡，肃肃似千寻之干。

公即泾州之世子也，资山岳之灵，蕴风云之气，英华外发，理识内凝，年十五，妙达真如，洞精法性。大统十年，被召为国子学生，离经辩志，敬业乐群，可谓大成，策为上第。周三年，蒙授大都督，袭爵封始平县开国子，邑三百户。克誓山河，建兹茅社，仍迁使持节、车骑大将军、仪同三司，仍领乡兵。昔窦宪元舅之亲，邓骘以外家之贵，兼斯二职，总萃一人，公既文武两用，兼而有之。周武帝以三分斯在，一戎未定，亲擐甲胄，总御熊罴，兴西伯之师，问东秦之罪。公亲承庙略，躬当行阵，破晋州，平邺都，诏授上仪同三司，进爵平舒县开国公，赏奴婢并田宅，显命光临，戎章允责，节盖之仪惟宠，车服之礼增华。四年，从郯国公征淮南，与陈将吴明澈于吕梁交锋。公独挥长剑，身接短兵，既斩颜良，又擒孟获，俘囚馘首，并还京輦，公之力焉。蒙授开府，寻遭母忧，寝苫枕甴，盐酪不进，身居栾棘，悴毁过礼。大象二年，平尉迥、破石逊有功，授上开府仪同三司，增邑二百户，通前一千七百户，利建是焉，疏爵珪组，所以增晖。皇隋运叶天序，膺箓帝图，应天改物。开皇元年，蒙授西道行军总管，征吐谷浑有功，凯旋，诏授恭、弘、旭、覃、芳等六州三镇诸军事、恭州总管，进爵朐山郡开国公，邑一千三百户，通前三千户。又改授叠州总管。公干用有闻，遏御遐荒，绥抚边镇，公受律于叠城；斩将搴旗，威声动于狼望。七年，奉敕使幽州检校长城事。八年，诏授蕲州刺史，寻转总管。九年，蒙授杞州刺史。公褰帷望境，则弘阐六条，威风振于先路，美政迎于期月。十年，观州遭旱，民多饥馑，公既有治绩之名，兼有廉平之誉。

文皇帝知以清洁，甚闲治术，仍改授观州刺史。杞部吏民，莫不攀辕卧辙，少长数千人送出境。各用净财，共于治下同造九层浮图，号曰“杜使君之灵塔”。匹颜卿于金石，同元伯于劲草。岂止留连黄向，攀慕孟尝。于兹未拟，既到观州，察理幽枉，裁正风俗，吏畏其威，民怀其憓。于时亢旱日久，公每出雩坛，甘雨流润，谷实再登，禾稼丰壤。十二年，又除贝州刺史。廿年，蒙除杭州刺史，此州旧有黄雀之蝗，民苦饥俭。公翠盖临邦，朱轩望境，黄雀之灾，于兹永息。仁寿二年，改州置总管，公即知总管事。劝课农桑，敦崇教义，民无游争，里有诵书。

大业元年，大驾幸江都宫，蒙敕遣使劳问，寻奉别敕追赴集，在涂遇患，不堪拜见，每蒙天慈优问，并送名医良药，曲降使人，敦访周委。二年，驾还东京，重奉敕令将息，优旨重叠。方当赞皇德于天衢，称元老于上席。寝疾不瘳，奄从逝水。以大业二年七月一日薨于豫州河南县，春秋七十有二。

呜呼哀哉，诏赙赠之礼，有加恒典。赐物五百段，并给使人，送还京宅。夫人元氏，昌隆郡君。继室夫人亦元氏，并德懋关雎，名齐季女。未及耆年，奄先霜露。粤以三年十一月廿七日合葬于京兆郡大兴县洪原乡邑阳里小陵原，礼也。惟公风神散朗，颖秀标奇，妙悉兵韬，洞精治术，清慎以约己，诚节以奉上。第二子正觉等，悲缠陟岵，思结风枝，惧陵谷贸迁，纪此芳猷，乃为铭曰：

陶唐称圣，豕韦言哲。冠盖相晖，英声远澈。

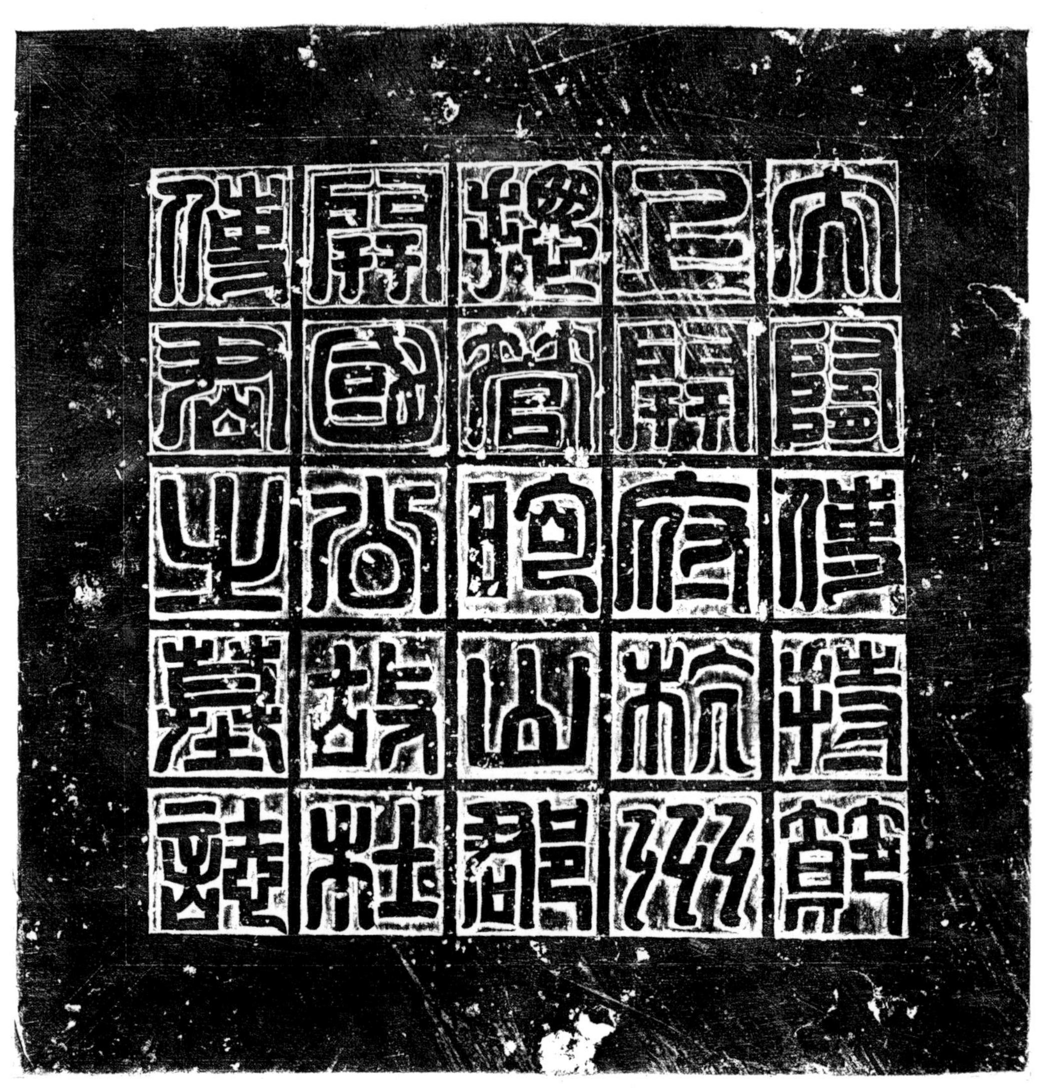

杜粲墓志盖拓片

大隋使持節上開府杭州總管朐山郡開國公杜使君墓誌

公諱粲字世謹京兆杜陵人也夏曰御龍周稱唐杜因封命氏遂乃開家侯服標于重業卿相
傳於史冊嘗[illegible]與五岳俱峻靈源同九河共遠立德立功葳蕤譜諜悼史已詳寧俟商確曾祖
嗣京兆太守祖光雍州別駕父合龍雍州治中儀遷別駕金紫光祿大夫弘農等五郡太守散
騎常侍使持節儀同三司齊州刺史贈涇州刺史馬弈盛緒蟬聯遠冑汪汪等万頃之披肅肅
以千尋之幹公即涇州之世子也資山岳之靈蘊風雲之氣英華外發理識內凝年十五妙達
真如洞精法性大統十年被名為國子[illegible]生離經辯志敬業樂群可謂大成榮為上第周三年
蒙授大都督襲爵封始平縣開國子邑五百戶克擔山河建茲茅社仍遷使持節車騎大將軍
儀同三司仍領鄉兵昔竇憲元舅之親鄧騭以外家之貴兼斯二職總華一人公既文武兩用
兼而有之周武帝以三分斯在一戎未定親摽甲冑總御熊羆興西伯之師問東秦之罪公親
承廟略躬當行陣破晉州平鄴都詔授上儀同三司進爵平舒縣開國公賞奴婢并田宅顯令
光臨戎章允貴節蓋之儀雅龍車服之礼增華四年從鄖國公征淮南与陳將吳明徹於呂梁
交鋒公獨揮長劒身摧扼兵既斬顏良又擒孟獲得四馘首並還京輦公之力為蒙授開府儀
同三司增邑[illegible]百戶通前一千七百戶利建是為疏爵珪組所以增暉　皇隋運叶天序膺籙
亮圖應天改物開皇元年蒙授西道行軍總管征吐谷渾有功凱旋　詔授恭弘旭覃芳等六
州三鎮諸軍事恭州總管進爵朐山郡開國公邑一千三百戶通前三千戶又改授疊州總管
公幹用有聞遐邇遐荒綏撫邊鎮公受律於疊城斬將搴旗威聲動於狼望七年奉　勅使幽
州撿校長城事八年　詔授蘄州刺史尋轉總管九年蒙授杞州刺史公褰帷望境則弘闡六
條威風振於先路美政迎於朞月十年觀州遭旱民多飢饉公既有治績之名兼有廉平之譽
文皇帝知以清潔甚閑治術仍改授觀州刺史杞部吏民莫不攀轅卧轍少長數千人送出境
各用淨財共於治下同造九層浮圖號曰杜使君之靈塔匹顏卿於金石同元伯於勁草豈止
留連黃向攀慕孟嘗於茲未擬既到觀州察理幽枉裁正風俗吏畏其威民懷其德于時亢旱
日久公每出雩壇甘雨流潤穀實再登禾稼豐壤十二年又除貝州刺史廿年蒙除杭州刺史
此州舊有黃雀之蝗民皆飢儉公[illegible]盖臨邦朱軒望境黃雀之灾於茲永息仁壽二年改州置
總管公即知總管事勸課農桑敦崇教義民無遊爭里有誦書大業元年　大駕幸江都宮蒙
勅遣使勞問尋奉別　勅追赴集在塗遇患不堪拜見每蒙　天慈優問并送名醫良藥曲降
使人救訪周委二年　鴐還東京重奉　勅令將息優　旨重疊方當賛　皇德於天衢稱元
老於上庠寢疾不瘳奄從逝水以大業二年七月一日薨於豫州河南縣春秋七十有二嗚呼
哀哉　詔賻贈之礼有加恒典賵物五百段并給使人送還京宅夫人元氏昌隆郡君繼室夫
人亦元氏並德懋閨帷名齊季女未及耆年奄先霜露粵以三年十一月廿七日合葬於京兆
郡大興縣洪原鄉邑陽里小陵原礼也惟公風神散朗穎秀標奇妙善兵韜洞精治術清慎[illegible]
約己誠節以奉上第二子正覺等悲纏陟岵思結風枝懼陵谷貿遷紀此芳猷乃為銘曰
陶唐稱聖豕韋言拓冠蓋相暉英聲遠濛有必仁倫無非俊傑猗歟載業挺彥重光心弘景毅
道屬賢良柔衿濟弱勝氣摧強稜威勇銳制敵戎行剖符近甸出宰名邦仕遊伊洛英姿浚往
梁木其壞哲人誰放墜斯和璧奄同丘壤庶因貞石傳名無棄

杜粲墓志拓片

有必仁伦，无非俊杰。猗欤载业，挺彦重光。

心弘果毅，道属贤良。柔衿济弱，胜气摧强。

棱威勇锐，制敌戎行。剖符近甸，出宰名邦。

仕游伊洛，英姿浚往。梁木其坏，哲人谁放。

坠斯和璧，奄同丘壤。庶因贞石，传名无爽。

志主杜粲，出身于京兆杜氏。该士族是关中地区的世家豪族，绵延世代，底蕴深厚，最早可以追溯到汉武帝时期的御史大夫杜周。唐代流传有“城南韦杜，去天尺五”的民谚，说明了杜氏家族地位之显赫。

墓志中记述了杜粲“文武两用，兼而有之”，并讲述了他的生平经历。北周武帝时期，杜粲率军攻灭北齐，授上仪同三司，赐爵平舒县开国公。大象二年（580）率军平定尉迟迥、石逊。《隋书》卷一《高祖上》记载，杨坚因其女杨丽华皇后的身份而备受信任，大象二年五月，北周宣帝驾崩，杨坚辅佐年幼的静帝即位，“拜假黄钺、左大丞相”，实际控制国家政局。六月，时任相州总管的尉迟迥联合宇文胄、石逊举兵反对杨坚专权。一个月后，“韦孝宽破尉迟迥于相州，傅首阙下，余党悉平”，杜粲此时应当是随韦孝宽一起作战于相州。

581年，杨坚代周称帝，建立隋朝，年号为开皇。开皇元年（581）八月，“甲午，遣行军元帅安乐公元谐，击吐谷浑于青海，破而降之”，而杜粲也随元谐一起参与了这次战争并凯旋，因功授恭、弘、旭、覃、芳等六州三镇诸军事、恭州总管，封爵朐山郡开国公。

开皇十年（590），救观州灾荒，评价其“既有治绩之名，兼有廉平之誉”，深受百姓爱戴，为其造“杜使君之灵塔”。开皇二十年（600），赴任杭州，解除当地黄雀之灾，劝课农桑，宣扬文教。大业元年（605），隋炀帝前往江都宫，《隋书》卷三《帝纪第三・炀帝上》载：“八月壬寅，上御龙舟，幸江都。”隋炀帝专门派遣使者慰问杜粲，随时关注其身体状况。大业二年（606）七月薨于豫州河南县，终年七十二岁。大业三年（607）与夫人一同归葬于长安洪原乡邑阳里小陵原。邑阳里，即今西安市长安区大兆街道庞留村一带。

除具有重要的历史价值和文学价值外，这合墓志的书法也是隋代墓志中少有的珍品。其文字端整妍美，笔画爽朗劲健，法度森严，楷书风格既有南朝书风之秀丽，又具北朝书风之雄壮，兼南北之书风，颇近似于著名的《董美人墓志》《苏孝慈墓志》，开楷书大家欧阳询之先河。虽无书丹者的刻写，但书者绝非普通凡夫，更能使我们感到在短暂的隋朝中书法艺术之繁盛。

梁道贵佛塔

起立宝塔追冥思

隋大业四年（608）

石灰岩

高61.5厘米，宽26.5厘米，厚25.5厘米

塔，梵文为“窣堵波”，有“塔、庙、坟冢”等意，用于埋藏圣者的遗骨及佛陀舍利，是源自印度的建筑形式。相传释迦牟尼涅槃后，舍利被分为八份，送往八国建塔保存。孔雀王朝第二位皇帝阿育王统一后开取其七，在全国敕建佛塔八万四千座以供奉舍利，其形制也在这一时期确立下来。此后佛塔的地位逐步神化，受到信徒的虔诚供奉，印度现存早期佛塔的代表是桑奇大塔。

桑奇大塔位于印度中央邦首府博帕尔东北，考古发掘认为，其有可能由阿育王下令建造，原建八座，现仅存三座，桑奇大塔即第一塔。其主体为覆钵形圆冢，直径约 36.6 米，高约 16.5 米，表面以砖石垒砌，圆冢顶部

梁道贵佛塔

有方形宝匣及栏楯，其上竖立三重伞盖。冢外设圆形环道，参拜者可绕道而行，是为仪轨。冢下筑方形塔基，在东南西北四个方向设塔门，塔门之间以栏楯相连，其上雕梁画栋，精美异常，桑奇大塔因此成为后世建塔的范式所在。

佛教传入时，中国正值东汉时期，山东嘉祥宋山出土的一块东汉画像石上绘有佛塔图像，整体呈覆钵式，塔顶处为一棵树，模仿塔顶伞盖，塔两侧绘有正在参拜佛塔的人像，可见早期佛塔的样式直接取自印度覆钵塔。

与此同时，黄老易学之术在东汉被统治者推崇，神仙信仰在民间广泛流传，人们认为“仙人好楼居”，故而多筑高楼以“求仙望气”，考古发现的诸多汉代墓葬中陪葬的陶楼就反映了这种社会风潮。传入中国的佛塔亦受此影响，形制逐渐发生变化，形成了独具汉式韵味的楼阁式佛塔。现存中国最早的佛塔图像是 1986 年在四川省什邡县 [1994 年，撤销什邡县，设立什邡市（县级）] 皂角乡白果子村马堆子发现的东汉画像砖上的三层木构佛塔图案。何利群先生认为：“汉末以来的中国早期佛塔的图像和实物大体可分为两大系统，一为保留较多印度风格的覆钵式塔；二为结合中国高台建筑和印度塔刹结构的楼阁式塔。”

楼阁式佛塔与覆钵形佛塔一样，都由塔基、塔身、塔顶三部分组成，二者在塔基与塔顶的部分区别不大，塔身则变为方形楼阁式，最后以六角、八角的多角形形制延续下来，如河南嵩岳寺塔为正八角形，山西佛光寺祖师塔为六角形，西安的大雁塔、小雁塔为四角形。

梁道贵佛塔拓片

除伫立在地面之上的大型佛塔建筑之外，民间还流行制作小型造像塔，塔多为石质，此外还有金属、陶及象牙等质地。这些小型造像塔有的藏于佛塔地宫中，有的被佛教徒供奉于寺院或家中，还有的作为陪葬之物随主人长眠地下，在其上开龛造像，刻文发愿，用于纪念亡故之人，祈求灵魂安宁。

造像塔形制的发展与佛塔建筑相伴相随，早期造像塔当以北凉佛教艺术遗留下的一批石塔遗存为代表。这些造像塔发现于甘肃酒泉、敦煌及新疆吐鲁番等地，均以石材雕凿，高度多在 1 米以下，形制仍模仿印度窣堵波，整体呈覆钵形，塔顶有多层相轮和宝盖，塔身分多层，凿小龛，内塑佛像，

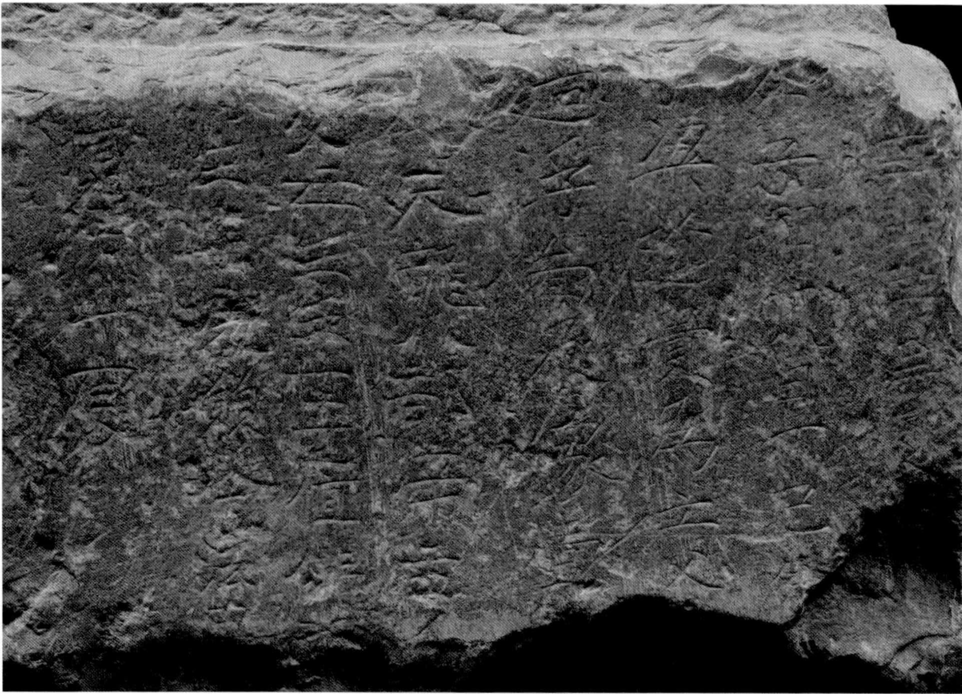

梁道贵佛塔局部（细节）

梁道贵佛塔局部（细节）

塔身表面线刻菩萨以及男女供养人像，有的还镌刻八卦和北斗等内容，反映了早期佛教依附和借助中国本土宗教进行传播的特点。

北朝时期覆钵形塔的数量减少，方形楼阁式塔占据主流，典型者除朔州崇福寺所藏北魏石塔、沁县南涅水出土的石塔等外，还有云冈石窟保留的一些具有北魏特色的造像塔浮雕。此时造像塔不仅开始具有更多汉式建筑的元素，如流行屋形顶、攒尖顶的新样式，同时还保留了部分印度覆钵塔的因素，开始出现一种小型单层佛塔——阿育王塔。

阿育王塔为实心，多数仅有一层，塔顶四角雕刻山花蕉叶，作为佛陀、菩萨及罗汉舍利的纪念性象征，也称为“宝箧印塔”。药王山博物馆所藏北魏阿育王塔，由基座、塔身、塔顶三部分组成，基座与塔身呈方形，塔基较高，四面刻供养人像；塔身四面开龛造像，塔檐三层，叠涩出檐较浅；塔顶为覆钵形，覆钵中央有尖顶宝刹。

馆藏这件造像石塔分塔顶、塔身、塔基三部分。塔顶磨损，仅剩五层塔檐，叠涩出檐，刻斜线纹。塔身略呈方形，仅一层，正面开一圆拱形龛，内塑一坐佛，佛像螺旋髻，面相丰圆，身着袈裟，下着长裙，结跏趺坐。塔基也呈方形，背面刻铭文，内容为“大业四年……梁道贵为亡父造浮图及像一区……”，表明造塔缘由。塔基正面、左面线刻供养人像，均着圆领袍服，手持莲花，像左下方刻供养人姓名，从其内容看，为像主亲眷。这尊造像塔虽有残损，但从其形制看，应属阿育王塔。

大唐皇帝皇后供养经幢底座

线刻帝后礼佛图

唐（618—907）

石灰岩

长110厘米，宽105厘米，高41厘米

这件经幢底座呈方形。以刀代笔，通过线刻的技艺在底座四周刻画了十分精美的人物、神兽等图像。

底座正面刻画皇帝和皇后分别带领文武官员和仕女礼佛的场景，这是继龙门石窟、巩义石窟之后，现存的一件唐代线刻“帝后礼佛图”，更是被很多专家誉为中国现存最美的“帝后礼佛图”。画面中心，刻画三层莲花熏炉，顶部有摩尼宝珠，熏香袅袅上升。熏炉两侧各刻画一位菩萨，菩萨头戴宝珠冠，着天衣，装饰璎珞，下身着裙，披帛飘扬婉转，十分飘逸，有“吴带当风”的风格。左侧菩萨左手抬起，右手平伸于前；右侧菩萨左手上举捧盘，盘上有贡品，右手臂微举，手掌向上平展。这样的菩萨造型，与著名的大雁塔门楣线刻、莫高窟第 103 窟壁画中的菩萨像极为相近，应该是根据皇家的粉本（古代中国画施粉上样的稿本）进行刻画，而后又向各地传播。两位菩萨的身后还分别站立着一男一女两位侏儒，在章怀太子墓出土的壁画中便有侏儒的壁画，也能够说明唐代皇室内有豢养侏儒的习惯。菩萨像两侧各有题记：“大唐皇帝供养”“大唐皇后供养”。

画面右侧，皇帝头戴冕冠，身着衮服，跽坐于榻上。冕冠前后有冕旒，然而仔细观察，会发现这件冕冠上冕旒的造型和《历代帝王图》及其他传说形象都有所差异，这里是用珩玉将串珠分为三旒，间隔有短旒，共计十二旒，十二旒冠正符合皇帝冕冠的规格。

那么古代皇帝为什么要在冕冠上设置这些垂下来的冕旒呢?

有两个原因：一是可以通过冕旒遮住皇帝的面部，使其喜怒不形于色，增加皇帝的威严；二是端正皇帝的行为，使其符合礼教的要求。

皇帝身着的服饰称为“衮服”，服饰上共有

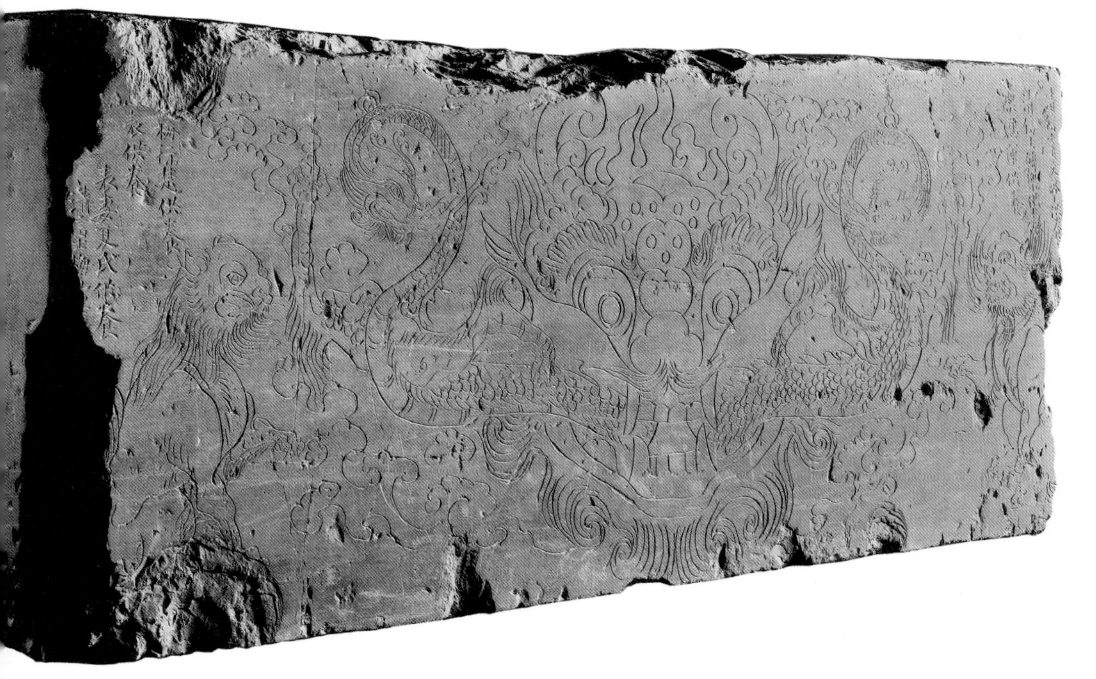

大唐皇帝皇后供养经幢底座

十二种纹饰，称为“十二章”，即日、月、星辰、高山、龙、火、藻、粉米、宗彝、黼、黻、华虫，真实还原了唐代帝王礼服“衮冕”制度。六位官员跟随在皇帝的身后，第一位官员头戴平巾帻，身穿裲裆甲，裲裆甲主要流行于北朝至唐初。第三位官员头戴进贤冠，身穿朝服，双手插于袖中，深情严肃。第五位官员头戴幞头，身着圆领袍服，手持有柄香炉，腰间插有笏板，上方题记“言亡考桓元徽供养”，推测此人为桓元徽。第六位官员穿着与前者一致，其双手合十，上方有题记“大宝幢主清信士桓纳言供养”，推测此人正是幢主桓纳言。

大唐皇后供養
言母金氏供養
幢主清信女言

大唐皇帝皇后供养经幢底座 正面

朝散大夫行長
史吳禾之
中大夫行別駕鄭
使持節淄州諸軍事行淄州刺
上柱國

大唐皇帝皇后供养经幢底座 左侧

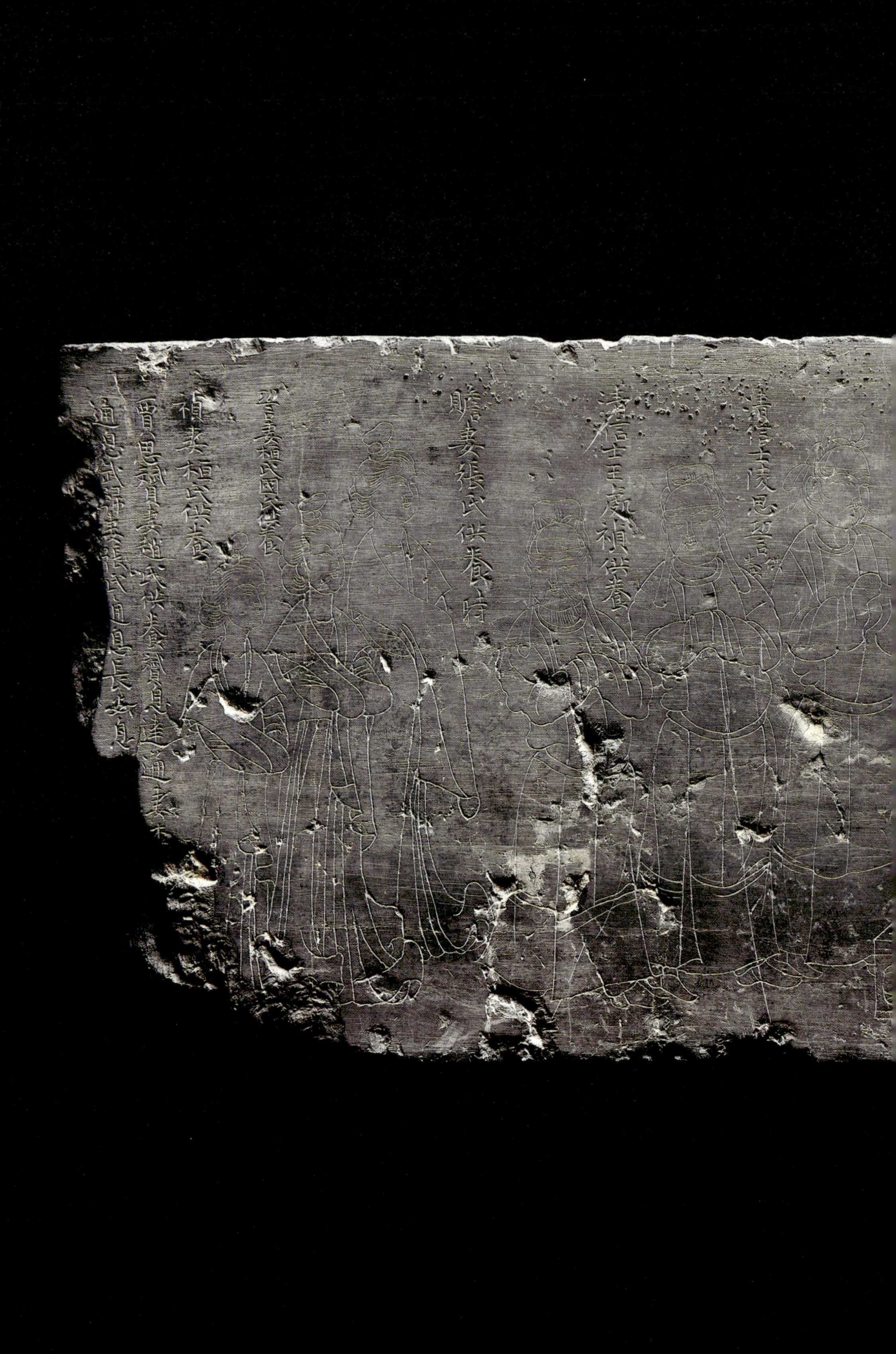

大唐皇帝皇后供养经幢底座 右侧

表供養
表妻夏氏供養

大唐皇帝皇后供养经幢底座 背面

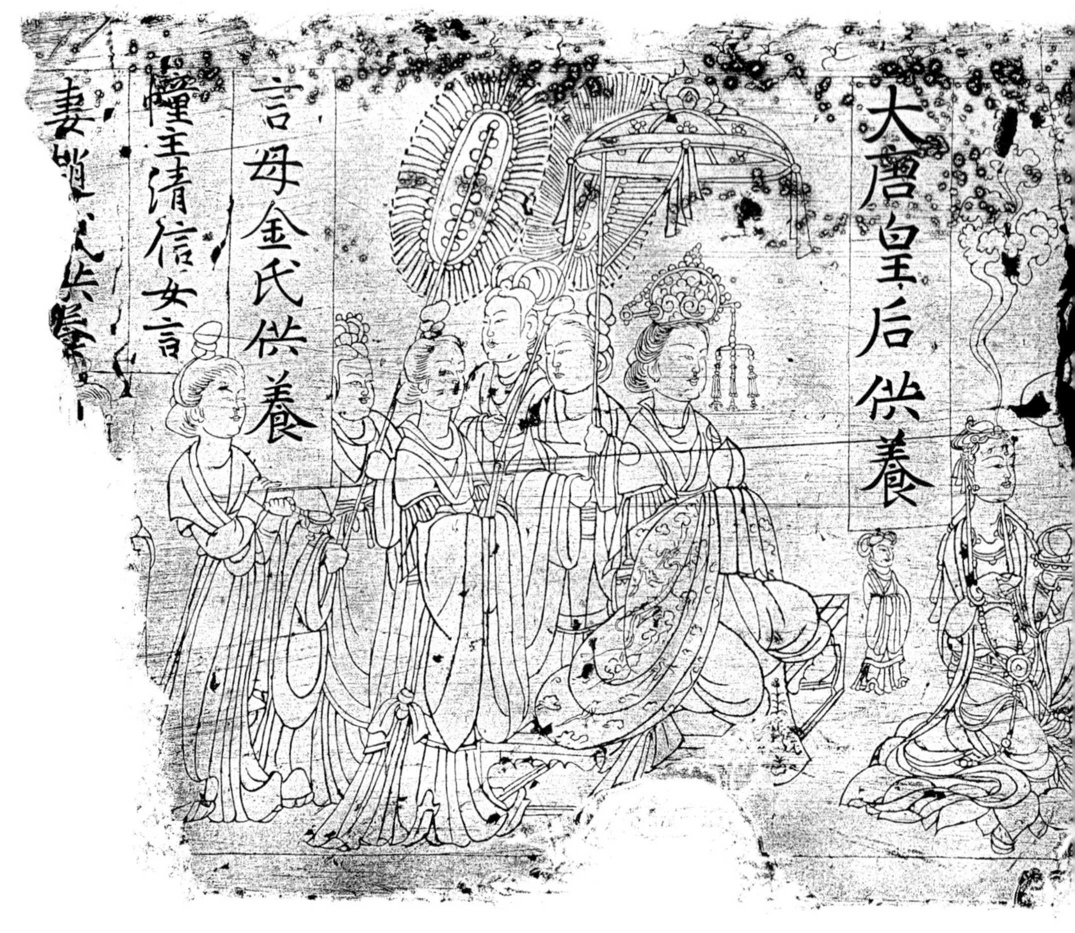

画面左侧，皇后踞坐于榻上，面相丰圆姣好，发丝刻画细腻，毛根出肉。她头戴有步摇装饰的凤冠，身着袆衣，手持莲蕾供佛。皇后身后跟随六位女性，前两位女性分别梳双髻、双环望仙髻，手持华盖、帐扇，转身望向第三位女性。第三位女性梳高髻，双手持笏板，脚蹬如意履，为女官形象。第五位女性梳高髻，身披披帛，左手持有柄香炉，上方有题记“言母金氏供养”，推测此人应是幢主桓纳言之母金氏。最后一位女性画面残缺，仅

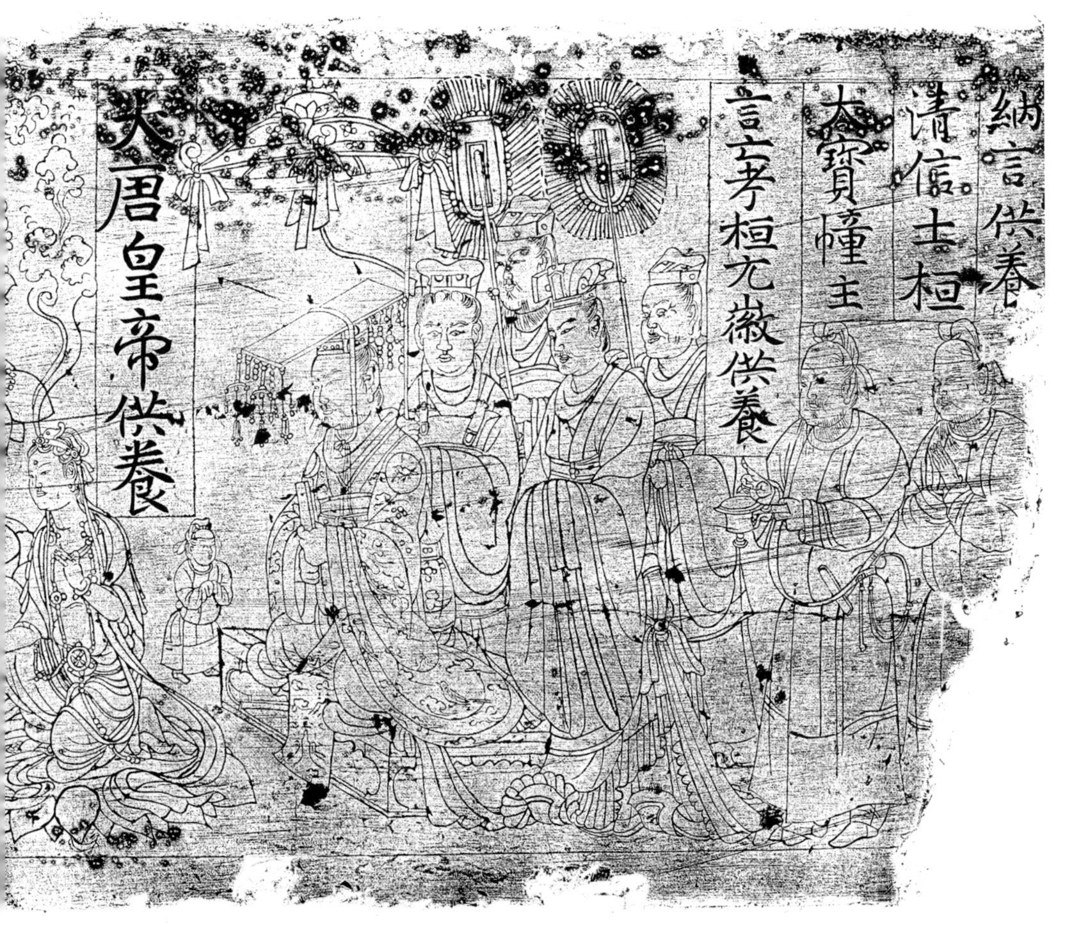

大唐皇帝皇后供养经幢底座 正面拓片（反相）

余前额部，其上方有题记“幢主清信女言妻赵氏供养”，推测此人即桓纳言之妻赵氏。

底座背面刻画有“天福之面”。所谓“天福之面”，是古印度佛教中的装饰形象，其形如恐怖的怪兽，作为入口守护者，有抵挡恶魔之意。这个“天福之面”，嘴中獠牙锋利，从嘴中左右两边各腾飞出一巨龙，巨龙身长有麟，前两爪挥舞，双龙面部狞厉，相向欲驾云升天。这样的题材在

目前发现还较少，除这一件之外，北齐《刘碑寺造像碑》、唐代《怀仁集王圣教序碑》碑侧的纹饰出现有同样的造型。两侧龙身体上的鳞片刻画地细致精巧，身体线条较粗，在绘画中表示详写；靠近头部的鳞片以菱形线条交错表达，身体的线条较细，在绘画中表示略写。刻工用详写与略写的手法来表达双龙立体腾空之态。“天福之面”的两侧各蹲了一只狮子，狮子肌肉凸起，一爪前伸，鬃毛张扬，富有雄强之势。这幅画面表现出瑞兽、

大唐皇帝皇后供养经幢底座 背面拓片（反相）

巨龙、雄狮在天空各据一方，有压倒一切的气势。蹲狮之上各有题记“乐息运供养、清信士韩乐供养、清信士王文命供养”“□□□梅行楚供养、□□息表供养、表妻夏氏供养、清信士梅□□□”。

底座左侧线刻有八位官员，他们头戴幞头，身穿圆领袍服。人物画面左上方各有题记，说明他们都是来自山东淄州的官员，跟随皇帝一起参与了这场礼佛的活动。左侧第一个人叫作张守洁，时任淄州刺史，旁边的题

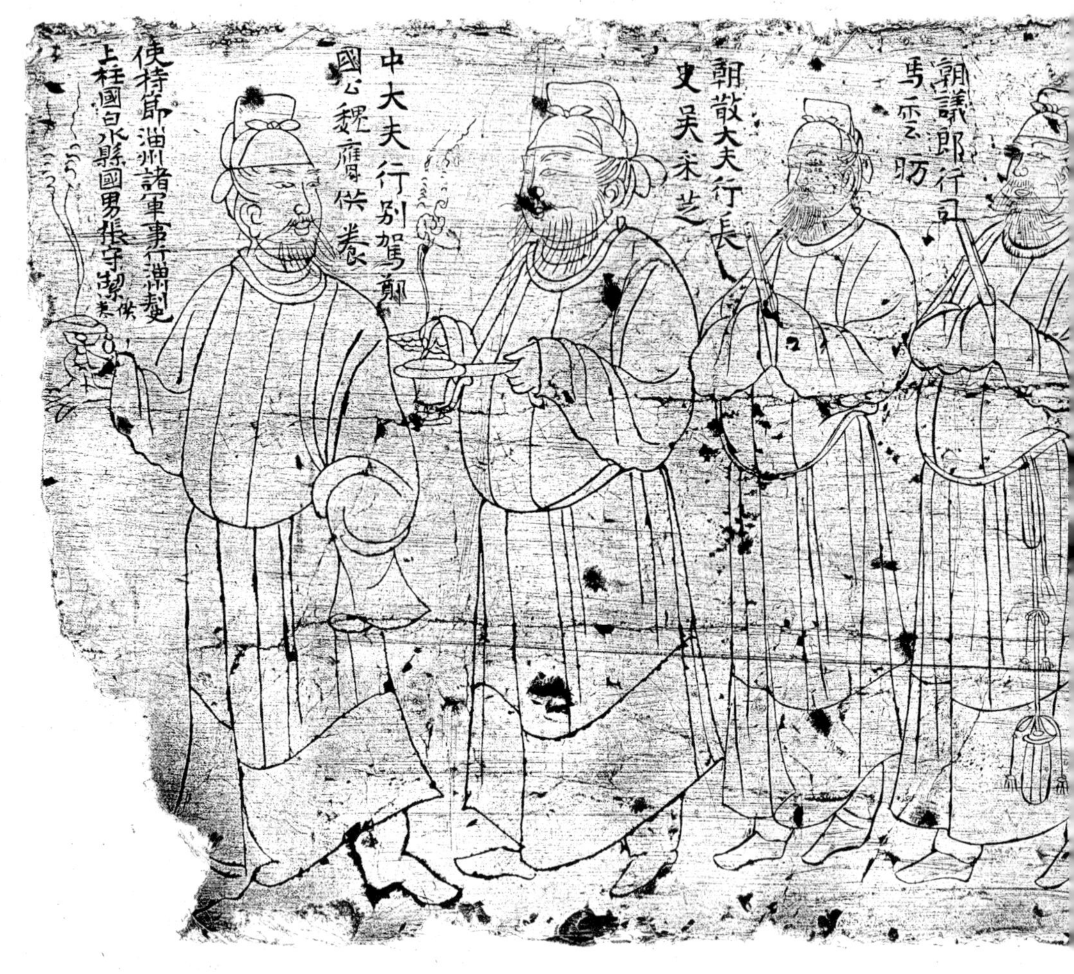

记写着“使持节淄州诸军事行淄州刺史上柱国白水县国男张守洁供养”，需要注意的是在唐玄宗时期也有一位官员同名，但根据散官、爵号等分析，显然不是同一个人。玄宗在天宝初年将“刺史”改为“太守”，由此判断这件文物的时间应在玄宗天宝年之前。第二位人物叫作魏膺，题记写道：“中大夫行别驾郑国公魏膺供养”，他是唐初著名谏臣魏徵的长孙。《旧唐书·魏徵传》载：“神龙初，继封叔玉子膺为郑国公。”古代的爵号是

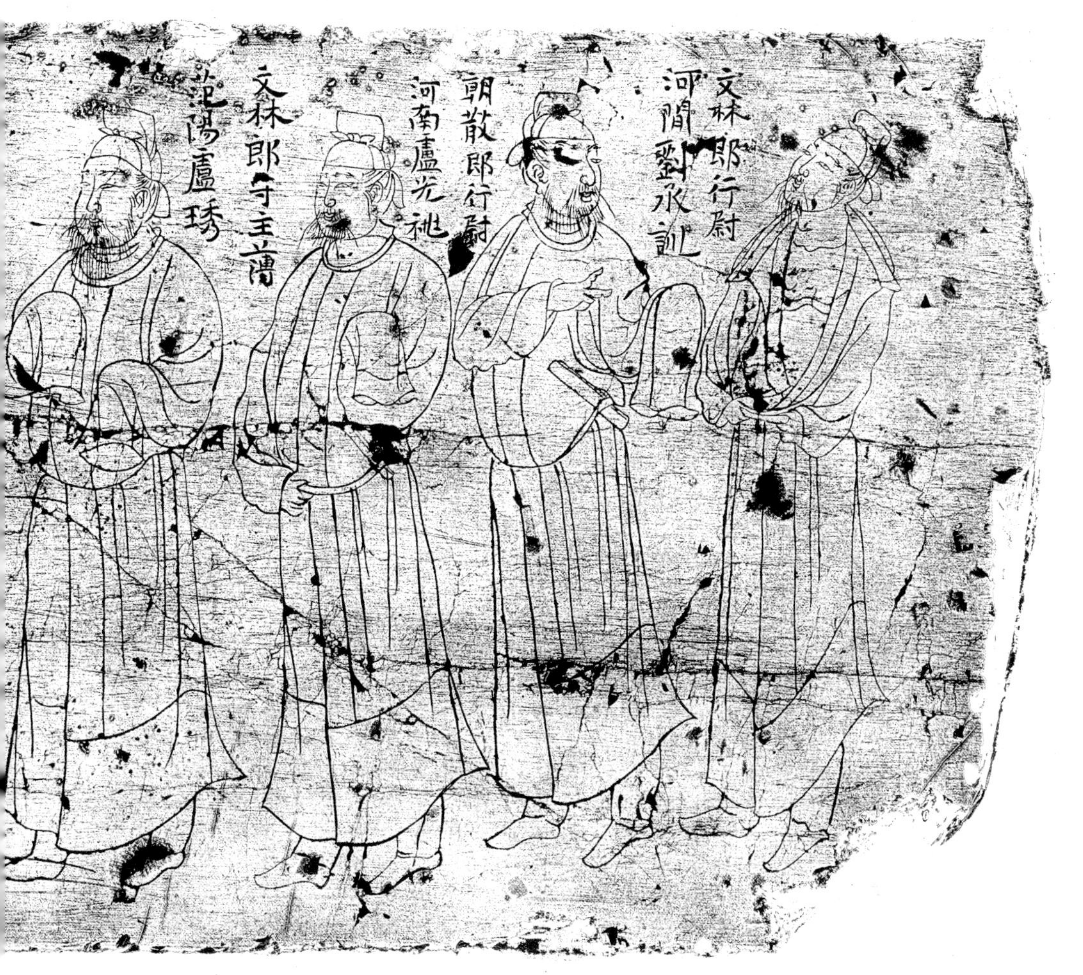

大唐皇帝皇后供养经幢底座 左侧拓片（反相）

世袭制的，也就是说神龙初年，魏膺承袭其父魏叔玉的爵号而被封为郑国公。这就为分析这件文物的年代提供了非常重要的资料，说明这件文物的年代在“神龙政变”武则天退位之后。众所周知，唐睿宗第二次继位并没有册立皇后，唐玄宗对女性的地位一直有所压制，并在开元十二年（724）因“符厌事件”废王皇后为庶人。因此，推测经幢底座正面的皇帝和皇后分别是唐中宗李显和韦皇后。

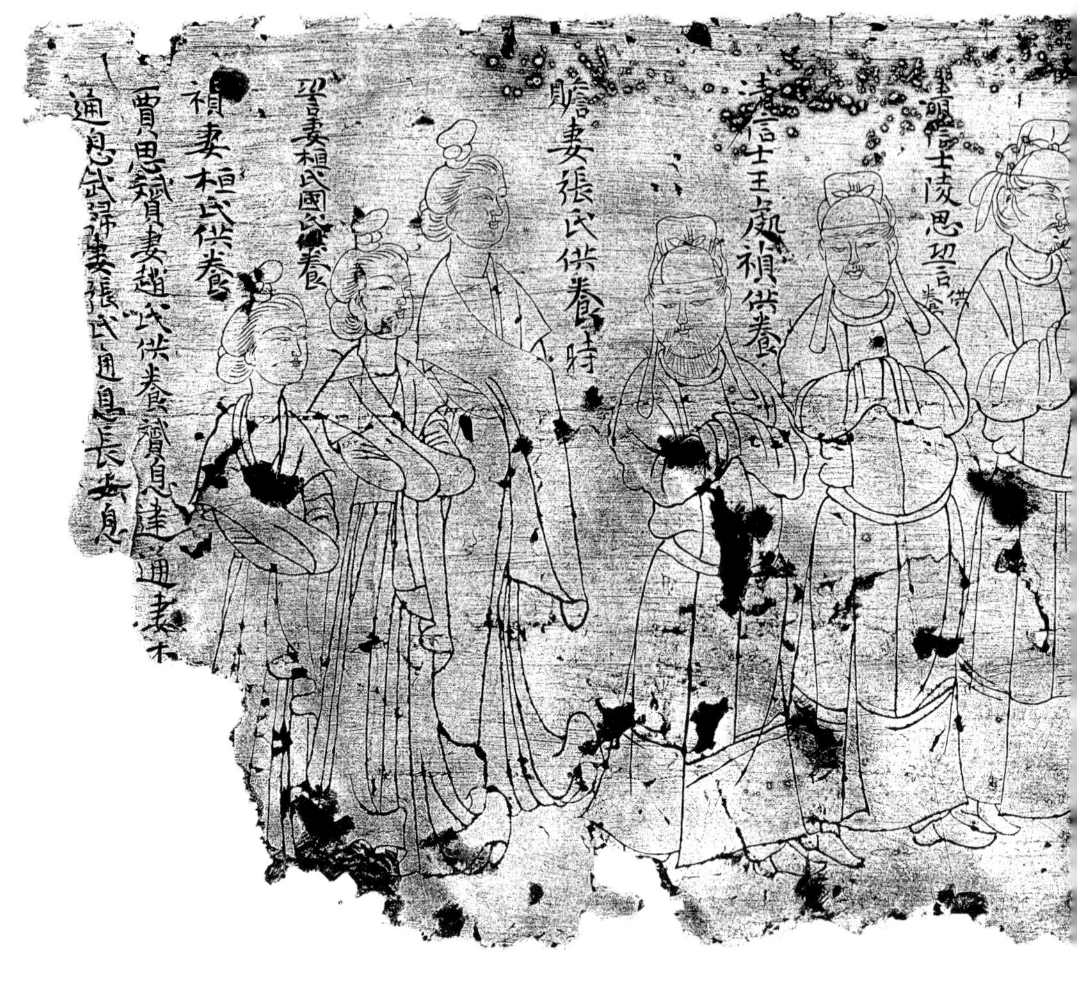

唐中宗李显，为高宗和武则天的第三子，前后两次当政，景龙四年（710）去世。韦皇后，京兆杜陵人，豫州刺史韦玄贞的女儿。嗣圣元年（684）李显第一次登基时，韦氏被立为皇后。705年神龙政变后李显复位，韦皇后便开始效仿武则天干预朝政，景龙四年李显去世后，韦皇后拥立李重茂为傀儡皇帝，打算要像武则天一样临朝称帝，直到7月21日李隆基发动唐隆政变，杀掉韦皇后及其党人，结束了韦后的专权。

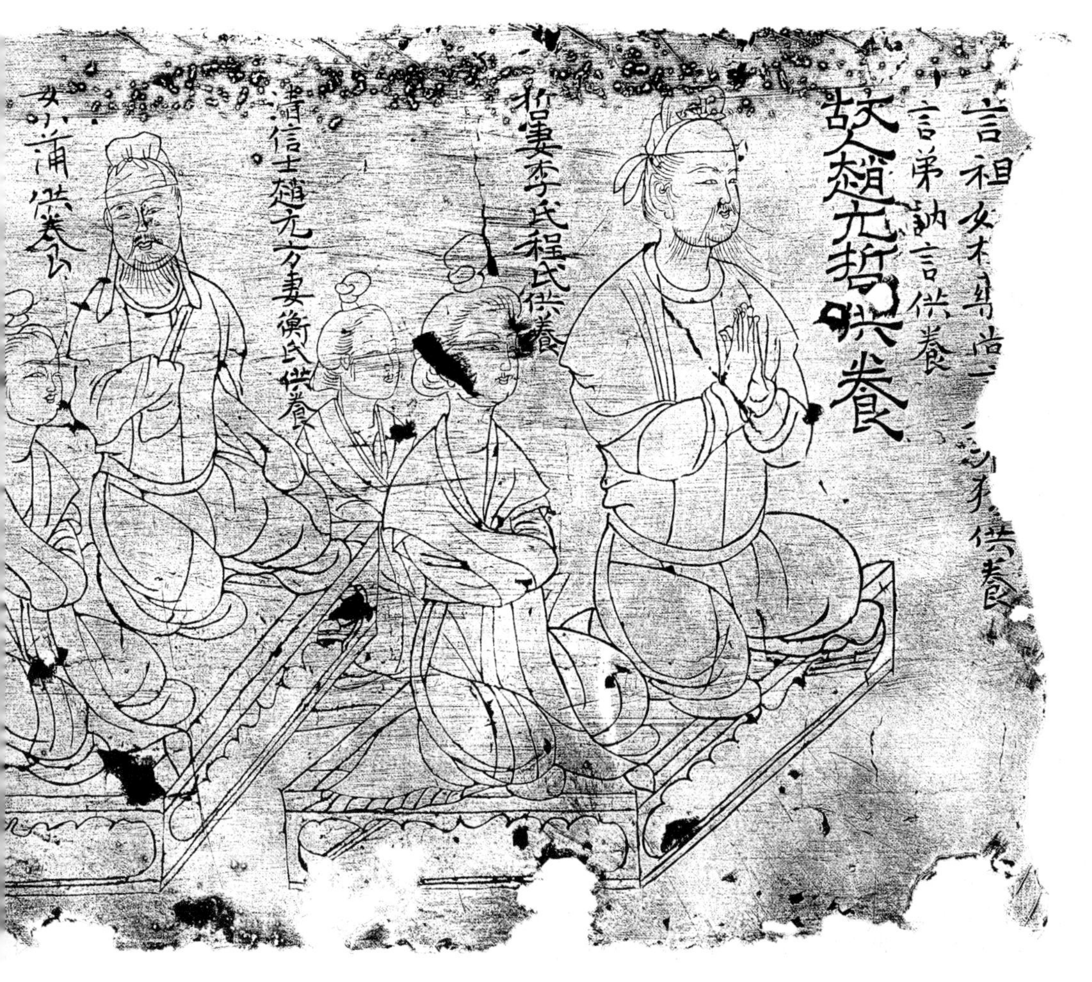

大唐皇帝皇后供养经幢底座 右侧拓片（反相）

底座右侧线刻有十一位供养人，他们应为幢主的家庭成员。其中，男性皆头戴幞头，着圆领袍服；女性皆头梳高髻，身披披帛，上身着半臂衫，下身着襦裙。第一位男子为赵元哲，他双手合十置于胸前，与妻子共同跽坐于榻上。第三位人物为赵元方之妻衡氏，仅刻画出上半身。第四位人物为赵元方，他左手放置在腿上，右手持笏板，眼睛望向第五位人物。第五位人物为赵元方之女小蒲，与父亲共同跽坐于榻上。接下来三位男子双手插于袖中。紧随其后有三位女性，以线条表现来看，她们的年龄应是由长及幼。她们脖子修长，身形高挑，身材呈“三屈式”，略有“S”形曲线，造型与永泰公主墓出土壁画《宫女图》中的人物形象相近。

这件石刻作品以刀代笔，行刀酣畅，线条细腻、有力，须发勾画准确精细，衣纹匀细而挺拔，表现出刻工的手法熟练。画面人物雕刻地细腻逼真，真实呈现出唐代的皇帝、皇后带领众官员和女性一起礼佛的场景，特别是其中对唐代服饰的刻画，具有强烈的写实意味。其堪称唐代线刻艺术乃至绘画艺术的顶级之作。

舍利石函与舍利石棺

舍利无端应念来

唐（618—907）
石灰岩
舍利石函：长89厘米，宽49厘米，高57厘米
舍利石棺：长49.5厘米，宽30.6厘米，高48厘米

这件舍利石函呈盝顶形，顶盖及器身刻有卷草、鹿、双角狮等纹样，其中双角狮纹样是西亚地区的流行纹饰，在贞顺皇后石椁及薛儆墓志上都有出现，推测其为唐代所造。舍利石棺，棺盖为覆瓦式，棺呈前高后低的斜坡状，棺身线刻双线菱形格纹，菱格中刻花朵纹饰。棺盖线刻宝相花纹，棺前档线刻门形，有门框、门楣、泡钉，棺下为须弥形底座，从形制判断其为唐代所造。

舍利是佛陀和高僧火化后遗留下的坚固颗粒，被视作佛祖和高僧生前功德与智慧所化。中国的舍利崇拜大约始于三世纪。《高僧传》记载康僧会为孙权请舍利，孙权乃起建初寺一事：

舍利石函

舍利石函 顶盖

会曰："如来迁迹，忽逾千载，遗骨舍利，神曜无方，昔阿育王起塔，乃八万四千。夫塔寺之兴，以表遗化也。"权以为夸诞，乃谓会曰："若能得舍利，当为造塔，如其虚妄，国有常刑。"会请期七日，乃谓其属曰："法之兴废，在此一举，今不至诚，后将何及。"乃共洁斋靖室，以铜瓶加几，烧香礼请。

……既入五更，忽闻瓶中铿然有声，会自往视，果获舍利。明旦呈权，举朝集观，五色光炎，照曜瓶上。权自手执瓶，泻于铜盘，舍利所冲，盘即破碎。权大肃然，惊起而曰："希有之瑞也。"会进而言曰："舍利威神，岂直光相而已，乃劫烧之火不能焚，金刚之杵不能碎。"权命令试之，会更誓曰："法云方破，苍生仰泽，愿更垂神迹，以广示威灵。"乃置舍利于铁砧碇上，使力者击之，于是砧碇俱陷，舍利无损。权大嗟服，即为

舍利石函 顶盖拓片

舍利石函拓片（局部）

舍利石函拓片（局部）

建塔，以始有佛寺，故号“建初寺”，因名其地为“佛陀里”。由是江左大法遂兴。

可见舍利在当时被当作一种验证神迹的宗教圣物，而用来供奉舍利的容器则是铜瓶。河北定州北魏塔基夯土中发现一盝顶形石函，石函中装有容纳舍利的玻璃瓶、玻璃钵等佛教宝物，这是目前发现最早的瘗埋舍利的遗迹。早期的舍利石函多为盝顶形，有的还在顶盖及函身上镌刻铭文，其形制与功能都与墓志类似，表明舍利瘗埋与中国丧葬文化趋渐融合。

隋唐时期是舍利崇拜的兴盛期，隋文帝杨坚大兴佛教，即位后下令修复各地寺庙，还下令在全国建造舍利塔以便供养。开皇元年（581）二月隋文帝下令“置大兴善寺为国行道，自此渐开，方流海内”，此后建寺之风大开，仅《续高僧传》记载当时在长安城内，便有大兴善寺、延兴寺、济法寺、光明寺、净影寺、盛光寺、静法寺、清禅寺、真寂寺等二十余座寺庙。隋代供养舍利时，依旧使用盝顶形石函，在容器组合上最外重为石函，继而为铜函，再内为琉璃瓶、金瓶，瓶内藏舍利。如河北定州发现的隋大业二年（606）舍利石函，方形盝顶，内藏铜函亦为方形盝顶，铜函内放置鎏金银塔、银碗及玻璃瓶等物。

唐代舍利瘗埋制度发生了重大变化，《集神州塔寺三宝感通录》记载，显庆五年（660）皇后武则天为迎法门寺真身舍利特做容器，“皇后舍所寝衣帐，准价千匹绢，为舍利造金棺银椁，数有九重，雕镂穷奇”，石函内

舍利石棺

开始使用金棺银椁，并置于塔基地宫。杨泓先生认为这样的变化具有强烈的民族风格，开始模拟埋葬死者的棺椁，并在塔基内修筑模拟墓室的地宫。此后，以金银制作的舍利石棺开始大规模流行于全国各地。甘肃泾川大云

舍利石棺

舍利石棺拓片（局部）

寺塔基出土延载元年（694）舍利石函，石函呈盝顶方形，顶盖阴文隶书“大周泾川大云寺舍利之函总一十四粒”，函有五重，分别为石函、铜匣、银椁、金棺及玻璃瓶，这套舍利石函是目前发现最早的武则天造舍利棺椁的考古证据。

佛立像

石骨谁人镌佛像

唐（618—907）

石灰岩

高222厘米

这尊唐代单体佛立像，连同底部佛座总高 2.22 米。佛头上有肉髻，螺发密实，面相丰满圆润，弯眉细长，两眼微睁下视，鼻梁挺直，嘴唇丰厚。佛身着通肩袈裟，衣襞自然下垂，衣纹呈“U”形平行分布，下着长裙，跣足站立于圆形仰莲座上，难得的是莲座上竟然连莲子都细腻地刻画了出来，较为少见。

佛像胸腹部、腿部肌肉凸出，腰部纤细，衣纹轻薄贴体，突出表现了身躯的美感。这种造像属于印度笈多时代秣菟罗（今印度中南部地名）造像风格。当地雕凿佛像呈现出明显的地域特色，区别于犍陀罗艺术造像身形挺拔、波浪状发丝和佛衣厚重等特征，秣菟罗风格的造像面部圆润，嘴

佛立像及拓片

佛立像 佛座

唇丰厚，头顶为螺发，身形矮壮，佛像头部与身体比例为1:5左右，衣纹轻薄贴体。据《历代名画记》载，北齐曹仲达擅长画这种湿衣梵像，所画人物衣服紧贴身体，好似身着极其轻薄的服饰从水中出来，因此这种艺术特点也被称为“曹衣出水”。

佛立像 侧面（局部）

佛立像（局部）

这尊佛立像的颈部和身体上有着明显的裂痕。在中国历史上有非常著名的四次毁佛运动，称为“三武一宗灭佛”，即北魏太武帝、北周武帝、唐武宗和后周世宗发动的禁止佛教事件。佛教在发展过程中形成了寺院庄园，很多寺院拥有大量的财富和田产，寺院不需要缴纳赋税，僧人也无须服徭役等。再加上个别皇帝对道教的支持，于是皇帝下令将大量的佛寺拆毁，强迫僧人还俗，这些佛像也在一次次的历史浩劫中有所损毁。这尊佛立像手部残损，根据现存同类佛像判断，该佛像右手应当作无畏印，左手应当作与愿印。

元夫人墓志

温良恭俭唐人妇

唐贞观二十一年（647）

石灰岩

志盖：顶边长37厘米

底长52厘米，宽51厘米

高8厘米

志石：长52厘米，宽49.3厘米，高9.5厘米

元夫人墓志并盖，志盖盝顶，篆文阳刻有“大唐河南元夫人志铭”9字。志石为方形，志文37行，共1304字。墓志录文如下：

大唐故右庶子莱亮二州刺史陆公夫人河南县君元夫人墓志铭并序

夫人讳字，河南洛阳人也。六世祖魏景穆皇帝，高祖安定静王休，即孝文之太傅也。曾祖爕，袭封安定王。祖琰，宋安懿王，累叶承家，象贤斯及，即称宗子，是曰懿亲。父旻，随乐宁郡公、扶（抚）州刺史，周随革命，五等之爵尚隆，行学兼姿，八元之任斯在。夫人承积德之基，禀生知之性，幼而朗悟，有成人之风，不以富贵为尊，以名行为重。淑慎恭俭，率由天至，未观图藉，即体孝敬之心，不因师友，自得温恭之操。随左仆

射齐国公颎，即夫人之元舅也，宰辅之寄一人而已，家无余财，以清约自致，尝因中表宴集，或谓车服不盛，不足以称其荣秩，公咲而不言，夫人以幼学之年，在于坐侧，公知其志也，因以问焉。对□：“满而不溢既会厥。”每为之极欢曰：“真吾甥也。”

右庶子莱州刺史陆公，富贵而知好礼，播英声于雅俗，早有令誉，无辈当时，伉俪是属，曰：惟秦晋既而礼成，合好义结委禽，乐陵公重违夫人之心，唯以俭率为事，然而世享荣禄，资给有隆，至于华绮之饰，或营而后废，其次以尊者之赐，又受而不服，内外姻戚深欢，异之以为。老莱之妻，梁鸿之室，事异公侯无□云也。自入陆氏之门，恭孝之心，又如在家之事，勤劳夙夜，未尝废怠，事无剧易，手必经之。娣姒叔妹，莫不亲而敬焉。夫人位惟嫡妇，其姑崔氏，武乡公之妹也，家法严整，非礼不行，夫人罄尽心力，深被恩遇，每饮食药饵，莫不待夫人而进之，告凶大礼，必预参其议，寻以家政属焉，迄于承代存抚，孤侄非徒，犹子而已。先姑左右敬而重之，愈于平昔庶子，君姬媵数人并厚，为之礼终始若一，无妒忌之行，古人无以过也。及乎不终，偕老众姬，各有适焉，往来参觐，有如侄娣之礼，至于亲训，诸子兼资爱敬，虽弹冠出仕，犹劳倚庐断织之勤，孟轲博达，曹□成名，皆慈训之力也。及孙女为纪王妃，而夫人所服无改于旧，或以问焉，曰：“此先姑之家法也。”但以五福有亏，八龙多丧，嗣子尚书兵部侍郎中爽，干□清举，风神朗秀，方骋逸足，乂夭壮年。夫人试卜商之忿，达延陵之性，至于死生，大分。每以理遣之。然而礼经十

元夫人墓志盖拓片

元夫人墓志拓片

义，慈居其始，三从有在，未或忘怀。小子暕解，褐青州博昌县令，夫人谓其未经政事，颇以庶务为忧，远而从之届□。所部曾未□月，兹邦悦而服焉。俄而皇华入境，良守考绩，不谋而同，其每具以为能。而夫人稚女怀德县君，即沂州刺史韦公之妻也，夫人以为童子学制而庶事不亏，庭玉掌珠，又疆场相次，虽居下邑，而乐在其中，鉴识明达，皆此类也。夫人行无失德，极婉顺之容，厥志不回，挺冰霜之节，故能幼标令望，长曰母师，温裕内充，徽音外丛，为庶姬之仪轨，作闺门之楷模，方当享此期颐，永终眉寿，岂谓神听，莫徵分福，无几，未极长□之宴，□深积粟之悲，以贞观廿一年三月丁亥朔十九日乙巳，春秋六十有九，薨于青州博昌县之官舍，而以其年十一月廿日壬寅，言□长安，祔葬于高阳原之旧茔，纪德幽泉，乃为铭曰：

轩皇之绪，魏后之裔，冠冕弈叶，公侯继世，国挺忠良，家称孝悌，箕丧不绝，行学无替，鼎祚亟迁，帝命云改，既曰鲁卫，亦称元凯，积德有隆，余庆无殆，阴祇降灵，婉嫕斯在，徽音外备，柔顺内充，俭约著性，紝组成功，无险无诐，有始有终，作斯姆范，播此嫔风，齐敬师传，移孝舅姑，退让惟已，如宾曰夫，柔静莫弃，贞明不渝，慎言犹讷，靡竟若愚，勤深采藻，德茂关雎，未终异室，□切倚卢，政宣□倩，学成子居，断织非远，平反在诸，树德不亡，积庆贻祉，子班列宿，孙姻帝子，门享荣袟，家崇僦里，处满思试，慎终如始，伟矣哲嗣，器兼文质，既参百揆，方和鼎实，降福不常，有亏元吉，八龙靡二，五常唯一，茕茕稚子，铜墨是分，

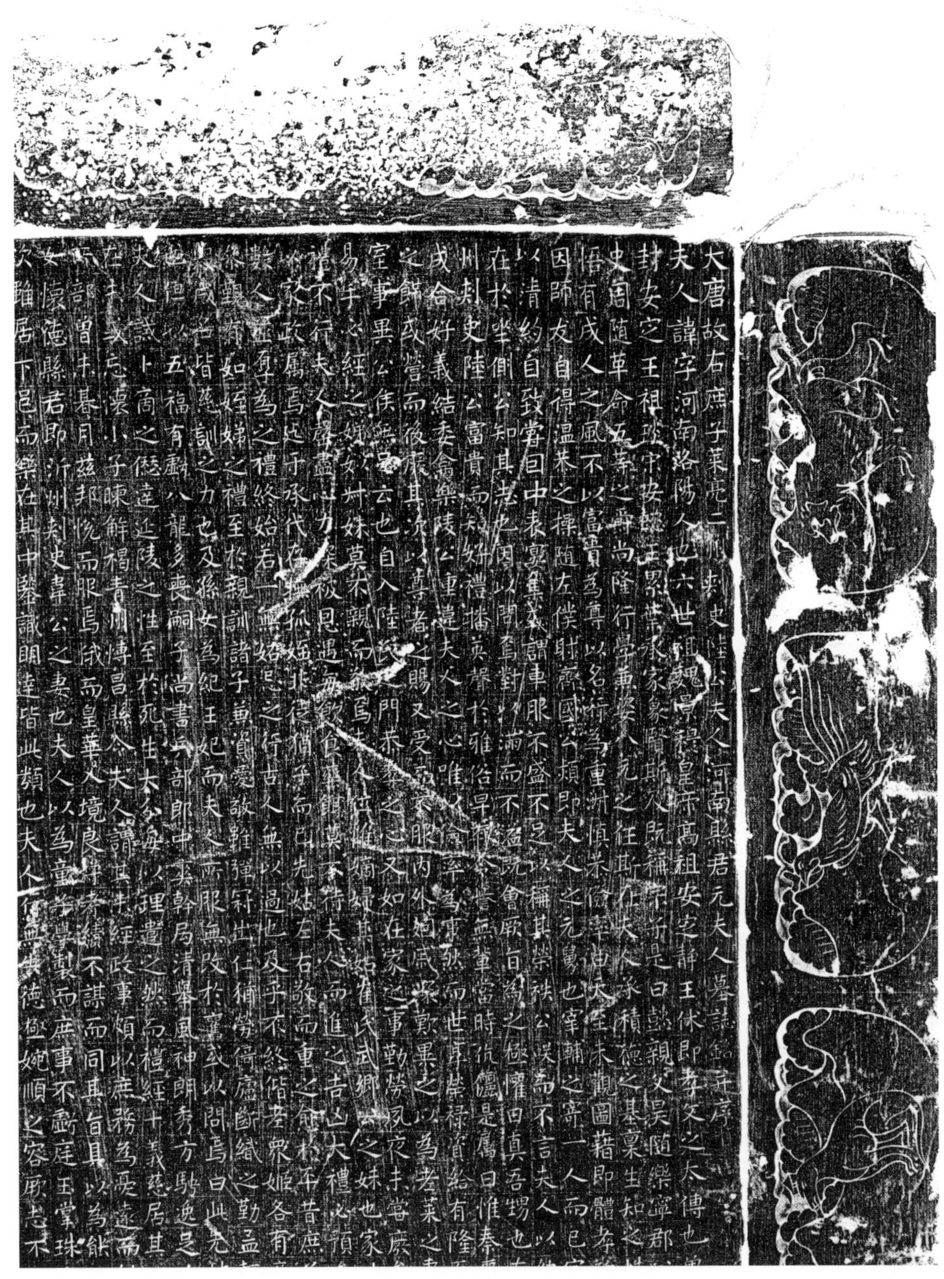

元夫人墓志拓片（局部）

曰惟季女，邦之小君，疆场隣比，鸡犬相闻，风马斯及，曾何足云，安车攸往，冠盖追随，一喜一惧，留联在斯，为邦未几，星琯□移，方欢膝下，□切风枝，反葬旧茔，言归同穴，丹旐翩翻，清笳幽咽，陇月夜朗，松云昼结，炎凉非我，昏明徒设。

在中国古代男权社会中，关于女性的记载与研究往往会被忽视。而唐代社会环境相对开放包容，政治清明，经济繁荣，与其他时代相比，女性的社会地位在一定程度上有所提高，因此唐代也会大量为女性制作墓志，歌功颂德。目前发现的唐代女性墓志数量众多，墓主上至皇室女性、宦门妇女，下至平民，也包括有比丘尼、道姑等出家人。唐代女性地位虽然有所提高，但一定程度上还是要依附于家庭，婚嫁前依附于娘家，婚嫁后则开始依附于夫家，从此“妇以夫贵，母凭子贵”。这些女性墓志的出土，就为研究唐代女性的日常生活、婚姻制度、衣食劳作、宗教信仰等，提供了重要的石质文献支持。

志主元夫人，为北魏皇室后裔。北魏孝文帝推行汉化改革，广泛地学习汉文化，将鲜卑姓氏改为单字的汉姓，从而将“拓跋”改姓为“元”。志主六世祖可以追溯到拓跋焘的嫡长子景穆皇帝拓跋晃，父亲元昊为隋朝乐宁郡公、抚州刺史，舅舅为隋朝名相齐国公高颎。元氏后嫁给莱州刺史陆公，晚年跟随小儿子青州博昌县令陆晀解住在博昌。

唐代奉行孝悌思想，以孝治天下。志文形容：“恭孝之心，又如在家之事，勤劳夙夜，未尝废怠，事无剧易，手必经之。娣姒叔妹，莫不亲而敬焉。”即表示元夫人从小温良恭俭，孝敬师友。对待婆婆和姑嫂兄弟都十分恭敬，任劳任怨，事无巨细。这与《礼记·内则》中“妇事舅姑，如事父母”的记载相契合，表示女性出嫁之后，对待公婆要如同对待自己的父母一样恭敬谦卑。这些都是在着重展示唐代女性的传统道德观：长辈在世，则要精心侍奉；为人妻子，则辅佐夫君，治家有方；为人母，则仁爱宽厚，抚育子女。

元夫人于贞观二十一年（647）三月去世，享年六十九岁。同年十一月祔葬于长安高阳原，即今陕西省西安市长安区韦曲、郭杜街道一带。

罗冲墓志

买石雕镌以志德

唐龙朔元年（661）

石灰岩

志盖：顶边长37厘米

底边长52厘米

高13厘米

志石：边长52厘米，高13.5厘米

罗君墓誌銘

罗冲墓志并盖，志盖盝顶，篆文阳刻：大唐故太府寺主簿望都县开国男罗府君并妻柳卫墓志之铭。志石为方形，志文25行，共631字，录文如下：

大唐故太府寺主簿罗君墓志铭

公讳冲，字道真，南阳向城人也。自昌门瑞鸟，地乳崇构极之基，沛滦分蛇，天井效剖符之绩，蓬山握椠，旌故事于南宫，柳谷开图，显清秀于东晋，丰貂华组，代积相承，并备诸惇，史可略言矣。曾祖延，周使持节骠骑大将军、开府仪同三司、赠益州刺史。

祖顺，随平武、义城二太守，银青光禄大夫，兴、利、龙三州刺史，检校益州行台，户部尚书，并体仁成勇，资孝为忠，材允国桢，器高人杰。

时逢昌历，俱韬捧日之诚；运偶经纶，早韫望云之鉴。父怀文，随乡贡射策及第，任邛州依政县令，俄迁金紫光禄大夫，拟雅州刺史，不拜，除光义府右车骑将军，又历除开远、金明二府果毅都尉、柱国、望都县开国公，食邑三百户。业擅籯金，雄兼玉帐，艺优重席，辩析连环，驱传三江，化渐沉犀之浦，建旗千里，忠逾叱驭之途。

公汾鼎降灵，汉宫蔚黄云之瑞，垂棘贻觃，魏庑照白虹之彩。贞观五年，国子明经及第，除赵王府参军事。贞观十四年，应诏举右仆射高士廉，位综铨衡，亲居藻镜，拟公为侍御史，属天地交泰，日月贞明，鸾驾方欲，捡玉天门泥金，日观东封大事，藉公强明，乃转除兖州博城县令，又除瀛州清苑县令。综墨绶于三河，理棼丝而制锦，绾铜章于百里，游虚刃以亨鲜，重泉之鸾，照心镜而回舞，中牟之雉，韵琴曲以飞驯。俄除太府寺主簿，方期骋骥，足以云，踠虬姿以游雾，不谓梁摧孔室，编鬼录于东山，水阅黄陂，束营魂于北极。

显庆三年五月廿四日卆于雍州万年县之第，春秋有五十。粤以龙朔元年岁次辛酉八月甲子朔廿一日辛酉迁窆于华原县高池原，礼也。夫芳猷可纪迹，以著于缇油；陵谷易迁，式垂旌于玄础，其词曰：

姬水疏源，庆隆华胄，舄弈珪璋，葳蕤篆籀；（其一）

门传簪绂，载诞英灵，芳驰璧沼，业擅金籯；（其二）

制锦一同，亨鲜百里，心镜儛鸾，琴声驯雉；（其三）

雾结松暮，风起扬哀，惧变陵谷，纪石泉台。（其四）

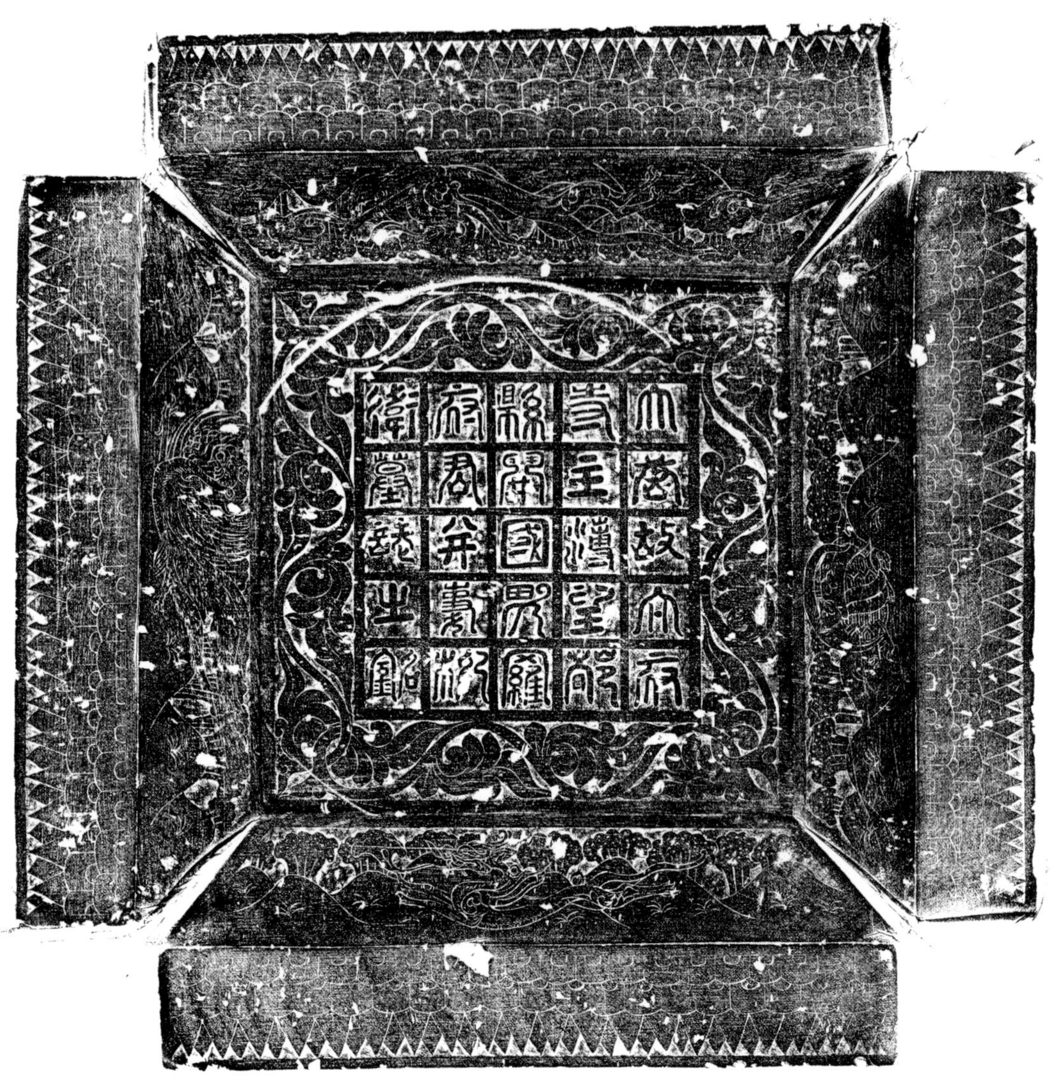

罗冲墓志盖拓片

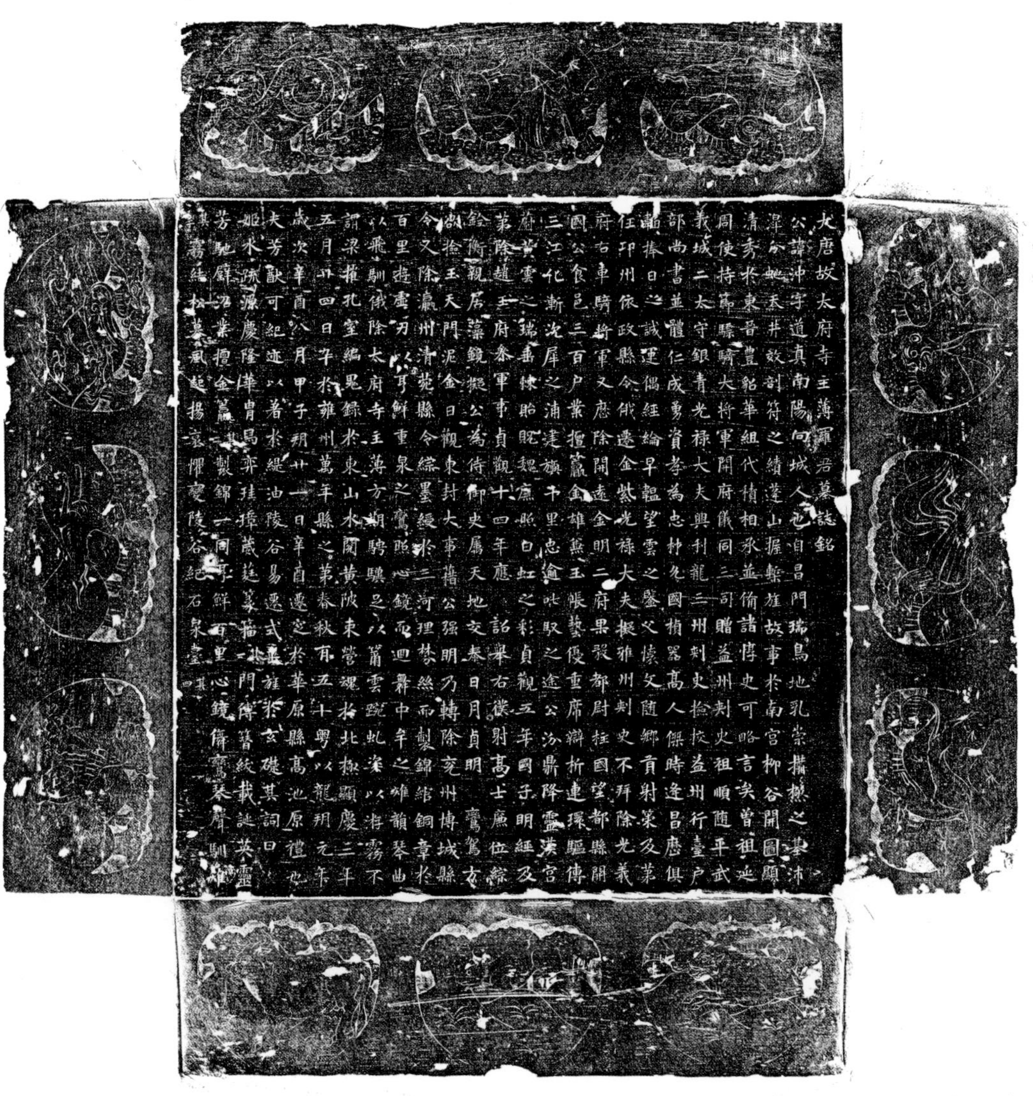

罗冲墓志拓片

罗冲墓志盖（局部）

罗冲墓志盖（局部）

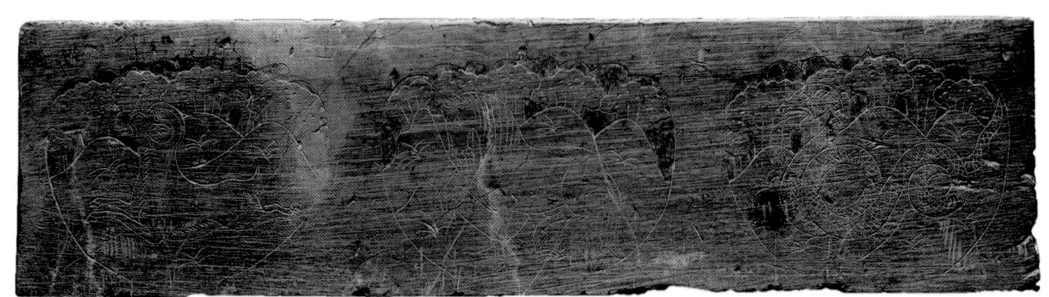

罗冲墓志 侧面

这合墓志的志主名罗冲，祖籍南阳向城，贞观五年（631）以明经科及第，出任赵王府参军事，为唐高祖李渊第六子赵王李元景的幕僚。贞观十四年（640），罗冲受诏辅佐尚书右仆射高士廉。高士廉是长孙无忌与文德皇后的舅舅，追随李世民参与玄武门兵变等，功劳卓著。高士廉刚刚升任尚书右仆射不久，罗冲便追随左右，其荣宠可想而知，亦能够想象其能力之高，因此一度拟其担任侍御史一职。但罗冲为何没有正式任职侍御史，其中又发生了哪些事情，还有待继续考证。

罗冲墓志 侧面

在墓志中还记载了唐太宗封禅泰山的事情，这与相关文献的记载可以相互印证。从贞观五年开始，就不断有官员以“四夷咸服”的理由建议唐太宗封禅泰山，但由于魏徵的坚决反对而作罢。直至贞观十四年，已改封荆王的李元景等官员再次请求封禅，唐太宗终于同意了，但由于第二年出现了天象的警示，在薛颐和褚遂良的建议下再次取消了。《资治通鉴》记载：“己酉，有星孛于太微，太史令薛颐上言‘未可东封’。辛亥，起居郎褚遂良亦言之。丙辰，诏罢封禅。”

之后，罗冲继而历任兖州博城县令、瀛州清菀县令、太府寺主簿，显庆三年（658）五月二十四日逝世于雍州万年县（今陕西西安）家宅中。龙朔元年（661）八月二十一日迁葬于华原县高池原，也就是今天的陕西省铜川市耀州区。

太府寺最早在南朝梁时已经设立，延续至唐，为中央的财务出纳机构，主管国家送京赋税钱物的征收、储存、保管，还包括长安和洛阳地区的市场贸易、供给京城百官俸禄等职能，直接关系着国家行政机构的正常运转和国家的安定。太府寺一般会设置有卿一人，从三品；少卿二人，从四品上；丞四人，主簿二人，录事二人；此外还有府、史、计史、亭长、掌固，共计有一百零四人。其中主簿为从七品上，掌管本部门印章，审阅往来公文，检查各类文书的处理有无违规、延误、遗失，管理度量衡，保证市场的公平交易等。

墓志中对墓主个人生平经历的大篇幅记载，对于历史研究，特别是中低级官吏的官职制度、社会生活、历史地理等方面的研究提供了重要的参考资料，已经越来越受到历史学者的重视。这合墓志详细记录了罗冲的生平经历，其中涉及一系列官职，特别是太府寺主簿这一官职，对研究唐代官制具有重要的价值。

澄心寺石灯台

孤灯长明

唐仪凤三年（678）

石灰岩

边长88厘米，高14.5厘米

这件石灯部件整体呈方形，灯台四面均有雕刻，正面线刻《澄心寺长明灯台铭》，其内容如下：

澄心寺长明灯台铭

详夫日日丽天不烛于名，素月流景无鉴于昼，何则各循晷度，遆或往来，苏迷庐山，隔处多异，赡部洲境，分照有差，又若百枝吐辉，竞浮星耀，九微发色，直泛烟光，大则理极于义舒，不可伦拟，小则事迫于萤爝，非所弘类，使幽暗而必销者，乃长明而攸最也。平等士张仁贞□二十二人，慈心内皎，悲观外融，爰起一灯之诚，方弘七轮之愿，敬抽净产，薰树胜因，且惟银烛，迢亭冲飚，□及琁釭迴暎，晦雨行沾，所以采瑜瑾于昆，

澄心寺石灯台 底部

澄心寺石灯台 顶部

业成雕镌于郢匠，莹以舒彩，取类□冠，镂以摛文，方诸贝宝，舍阶弗远，拟登色界，珠柱未遥，以标寿国，重云□□，以翳其华，积雾霏□，能夺其丽，备殚妙□，□尽工庸，仪凤三年戊寅七月乙卯朔十五日己巳崇建云毕，台写莲花，近对真珠之殿，灯舒兰焰，迥照纯金之园，匪有厥文，恐无旌记，式传徽于镂琬，伫□懿于拂石，其词曰。

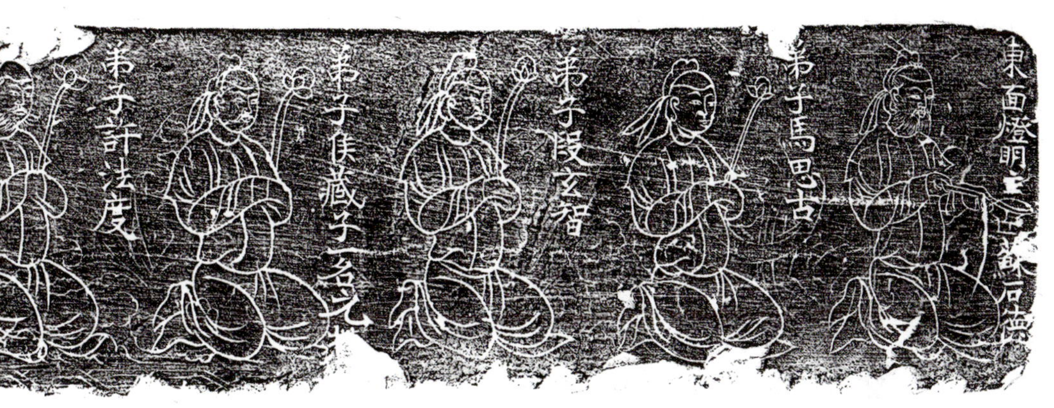

澄心寺石灯台 左侧面及拓片

这篇铭文记述了这件石灯台的来历。它原为唐代澄心寺的长明灯台，唐高宗仪凤三年（678）由士人张仁贞等二十二人出资，邀请工匠建造供养，将其置于寺庙中，以示虔诚。

石灯台其余三面线刻供养人像，人像旁均有题名。

左侧面线刻十位男供养人，他们头戴幞头，身着圆领袍服，手持莲蕾跪坐。第一位供养人旁有题记“东面灯明主苏石德”，苏石德身材魁梧，

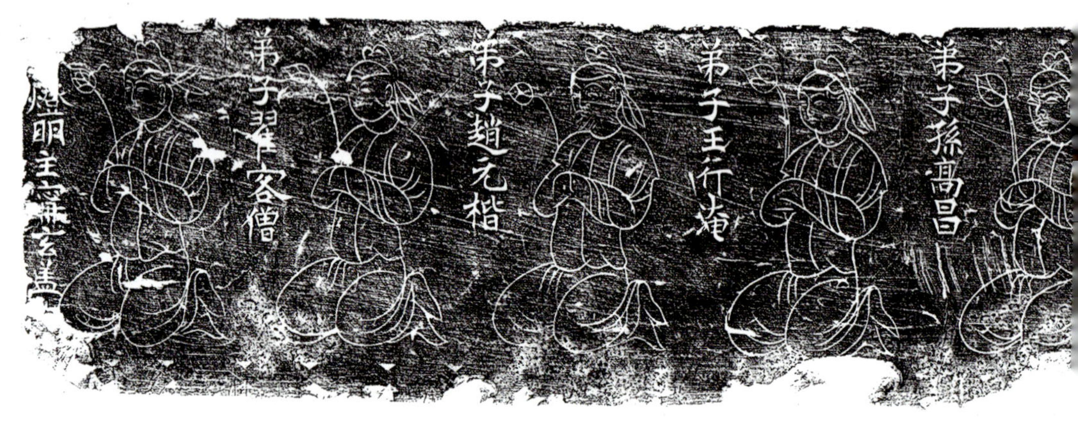

鼻子较挺，髯须，推测其为胡人，最后一位供养人旁题记为“南面灯明主郭智珪”。中间八位供养人题名分别为马思古、段玄智、侯藏子、许法度、陶石济、赵义哲、王思简和董玄操。

右侧面线刻十位男供养人，他们手持莲蕾，身着圆领袍服，神态虔诚。第一位供养人旁题记为“□□灯明主甯玄盖”，最后一位供养人旁题记为“□面灯明主张元揩”，中间八位供养人题名分别为翟客僧、赵元楷、王行淹、

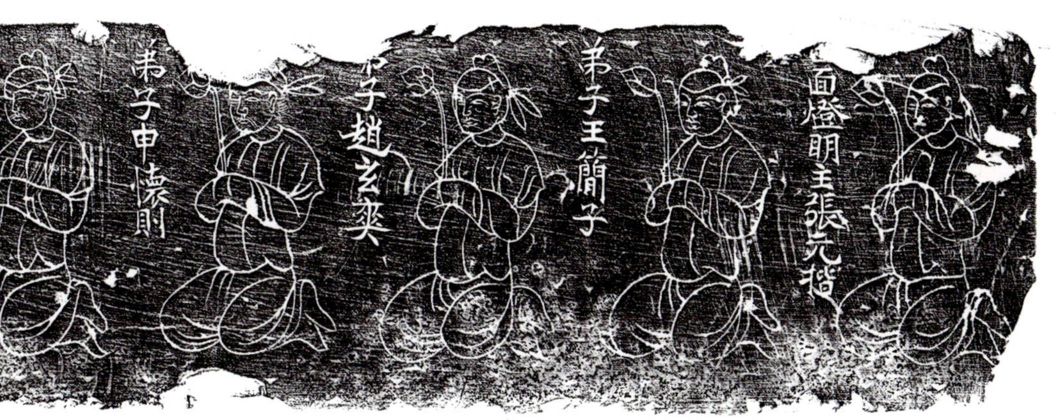

澄心寺石灯台 右侧面及拓片

孙高昌、柏惠本、申怀则、赵玄爽和王简子。

背面线刻八位供养人，两侧二位供养人旁的文字为“弟子张仁贞”和“弟子陈怀瑾”，是石灯的主要供养人。二人之间为六位比丘尼形象，法号分别为尼妙子、尼贵儿、尼优昙、尼迎弟、尼王子和尼法净，中部线刻香炉。线刻清晰，刀工流畅，人物生动真实，可见其精美程度。值得注意的是，六位比丘尼中的尼优昙是唐代三阶教信徒，有《大唐澄心寺尼故优昙禅师

弟子陳懷瑾
居法淨
居王子

澄心寺石灯台

澄心寺石灯台 背面拓片

之塔铭并序》可证。张总在《中国三阶教史》一书中推测：“其（优昙）德行高超，有相当影响，其追随者为其建塔铭勒，且将其比之孔圣，所以优昙尼的弟子门人必有其人，或为数不少。因而此寺庙——澄心寺或为三阶寺院。”

关于澄心寺的性质，胡元超先生在《昭陵封域寺观补考》中认为澄心寺位于昭陵陵区内，是昭陵陵寺之一。昭陵是唐太宗李世民与文德皇后长

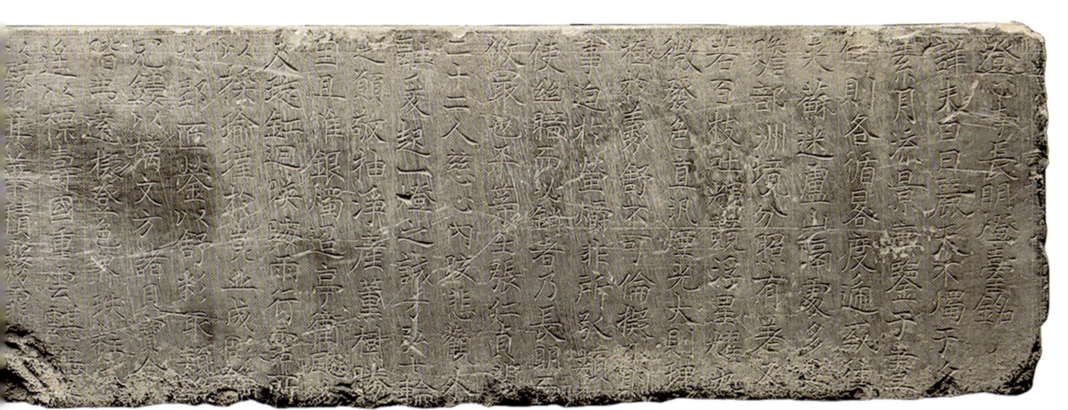

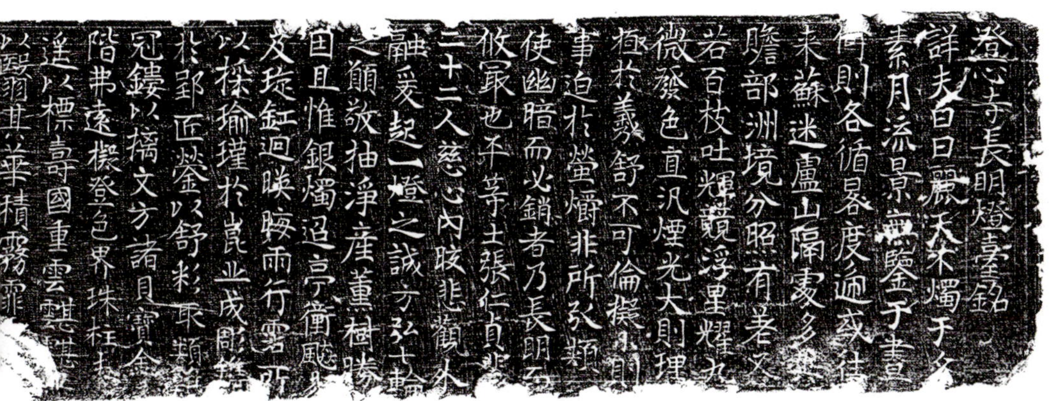

澄心寺石灯台 正面及拓片

孙氏的合葬陵墓，位于今陕西省咸阳市礼泉县烟霞镇九嵕山的主峰上，占地面积 200 平方千米，共有一百八十余座陪葬墓，是中国历代帝王陵园中规模最大、陪葬墓最多的陵墓。根据北宋画师游师雄所绘的《唐太宗昭陵图》判断，除澄心寺外，昭陵附近的寺庙可能还有百城寺、香积寺、安乐寺等庙宇，但无法判断这些寺院是否属于陵寺。

所谓“陵寺”，特指修建在皇帝陵园附近的寺院，是帝陵附属建筑的一部分，大多是后世皇帝或皇室成员为前代皇帝或先祖祈福所用。佛教与陵墓的初次融合发生在东汉，文献记载汉明帝于显节陵绘制佛像。学者冉万里认为：“从江苏连云港孔望山东汉摩崖佛像来看，在陵园的某些建筑上刻画佛像是可能的。”至于在陵域内建寺的传统，则出现得较晚。

现有的考古资料表明，陵寺制度溯源于南北朝。此时佛教兴盛，信众上至皇室贵族，下至平民百姓，影响力极大，大量石窟寺和皇家寺院的修建直接催生了寺庙在陵域内的建立。北魏太和三年（479）所建的思远佛寺即为冯太后永固陵兆域内的寺庙；宋代李昉等十二人编纂的《太平广记》中也有“梁武帝欲为文皇帝陵上起寺……其寺营构始讫，天火焚之”的记载。

隋唐时期陵寺制度继续发展，《两京新记》中记载隋文帝为独孤皇后建禅定寺一事，河北省隆尧县石刻馆藏《大唐帝陵光业寺大佛堂之碑》一通，碑文介绍唐朝皇室为隆尧帝陵修建光业寺，为长孙皇后修建昭陵瑶台寺，为中宗定陵修建定陵寺。澄心寺石灯台的发现，为唐代陵寺制度的研究提供了珍贵的实物资料。

纪王第六女石刻诏书

荣耀的见证

唐咸亨三年（672）

石灰岩

高34.5厘米，宽69厘米，厚7.8厘米

诏书，皇帝之言，国之册令。《史记·秦始皇本纪》记载：二十六年，丞相绾等与博士议上尊号，“王为‘泰皇’，命为‘制’，令为‘诏’”。东汉许慎《说文解字》中写：“诏，告也。”即为皇帝告知天下臣民相关命令的政令文书。一提到诏书，是否第一反应就是在影视剧里常听到的“奉天承运，皇帝诏曰”？如果您相信了，那可就大错特错了。首先，这句话断句应当为“奉天承运皇帝，诏曰”；其次，这句话在明朱元璋洪武时期才开始使用。那么唐代诏书是什么样子呢？

这件石刻是唐高宗咸亨三年（672）册封邢州刺史纪王李慎的第六女为归顺县主的诏书。石刻为长方体，共 31 列，每列字数不等，共 310 字，侧

尚書左僕射 闕
尚書右僕射 闕
吏部尚書 闕
銀青光祿大夫行吏部侍郎兼檢校太子右庶子 敬玄
通議大夫守吏部侍郎 行儉
銀青光祿大夫行尚書右丞 固師
告歸順縣主奉被
詔書如右符到奉行
主事 程玄楷
主爵郎中 欽楷 令史 任知敬
書令史 史玄機
咸亨三年八月四日下
左司郎中
下二日

纪王第六女石刻诏书

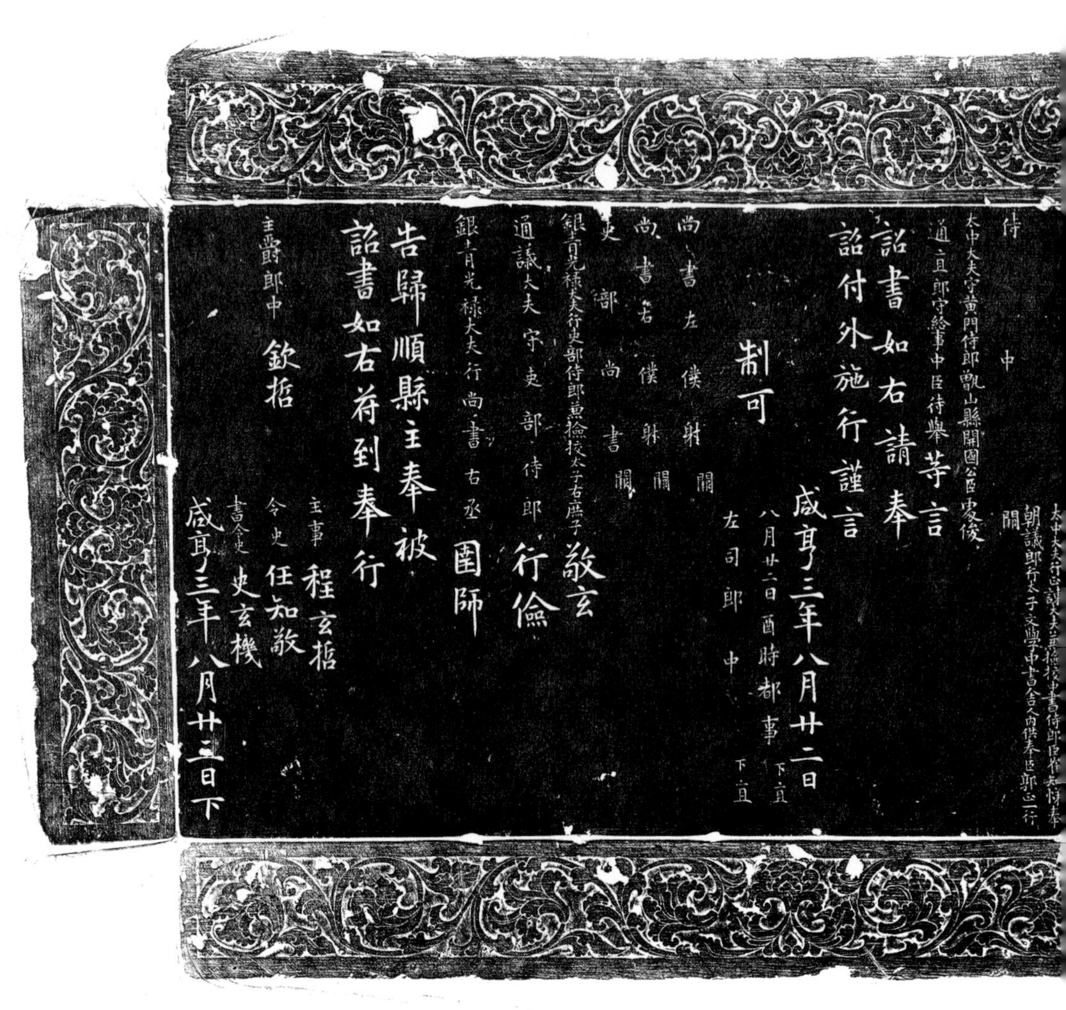

纪王第六女石刻诏书拓片

面装饰蔓草纹。诏书全文摘录如下：

门下：邢州刺史纪王慎第六女，疏祥宓浦，诞秀梁园，式综女图，备循姆教，拂髦在岁，载表幽娴之德，结帨有期，宜申沐赋之典，可封归顺县主，食邑一千户，主者施行。

咸亨三年八月廿二日

中书令博陵县开国子臣阎立本 宣

太中大夫行正谏大夫兼检校中书侍郎臣崔知悌 奉

朝议郎行太子文学中书舍人内供奉臣郭正一 行

侍中阙

太中大夫守黄门侍郎甑山县开国公臣 处俊

通直郎守给事中臣待举 等言

诏书如右 请奉

诏付外施行 谨言

咸亨三年八月廿二日

制可

八月廿二日酉时都事 下宜

左司郎中 下宜

尚书左仆射 阙

尚书右仆射 阙

吏部尚书 阙

银青光禄大夫行吏部侍郎兼检校太子右庶子 敬玄

通议大夫守吏部侍郎 行俭

银青光禄大夫行尚书右丞 图师

告归顺县主奉被

诏书如右符到奉行

主爵郎中 钦哲

主事 程玄哲

令史 任知敬

书令史 史玄机

咸亨三年八月廿三日下

这份诏书行文分两部分。

第一部分为诏文内容，唐高宗咸亨三年（672）册封纪王李慎第六女为归顺县主，并赐食邑一千户。诏书以“门下”二字开始，为唐代诏书的基本格式之一，表示唐“三省六部”下的门下省。宋代张淏《云谷杂记·门下》中载：“门下省掌诏令，今诏制之首，必冠以门下二字，此制盖自唐已然。”文中“拂髦在岁”，即十四岁左右，为唐代女子适婚年龄，可予以封爵。“县主”，皇族女子封号，唐代命妇制度规定亲王之女可封县主，拥有“食邑”作为经济来源。《唐六典》卷二《尚书吏部》中记载：“皇帝姑封大长公主，皇帝姊妹封长公主，皇帝女儿封公主，皆等同正一品；皇太子之女封郡主，等同从一品；诸王之女封县主，等同正二品。”归顺县主之封，正合制度。唐归顺县，属剑南道戎州（今四川宜宾附近）。

第二部分为唐代中书省拟诏、门下省审核和尚书省施行的全部内容，各级官吏签署官衔、名称、时间。这是研究唐代三省六部制度的重要材料。唐代前期的官职制度为三省六部制，三省即中书省、门下省、尚书省，是唐代宰相机构。其中，中书省“掌机要”，负责政令的起草和发布，其最高长官为中书令，秩正三品，为第一宰相，其下有中书侍郎（秩正四品上）和中书舍人（秩正五品上）各两位协助工作，而具体承担草拟诏书使命的为中书舍人，“掌侍奉进奏，参议表章。凡诏旨制敕及玺书册命，皆按典故起草进画，既下，则署而行之”。中书舍人草拟诏书之后，经中书令和中书侍郎审核签名，然后留存底本做档，另抄一本送门下省。门下省和中书省同为“机要之司”，主要负责审核政令，最高长官为侍中（秩正三品），其下有黄门侍郎（秩正四品上）和给事中（秩正五品上）协助其工作，具体承担审核诏敕的为给事中，“掌侍奉左右，分判诸省。凡百司奏抄，侍中审定，则先读而审之，以驳正违失，凡制敕宣行，大事则称扬德泽，褒美功业，复奏而请施行，小事则署而颁之”。给事中经审核后呈送皇帝“复奏”，皇帝在诏书上画“可”，再交付门下省，门下省将该诏书留省存档，另抄一份，并由侍中注上“制可”二字，加盖骑缝印，交付尚书省。尚书省，主要领导吏、户、礼、兵、刑、工六部，负责诏制的具体执行。尚书省最高长官原本为尚书令，由于李世民继位之前曾担任过尚书令，故该职位悬而不置，由尚书左仆射和右仆射领导工作，其下有尚书左丞、尚书右丞。六部的长官皆为尚书，各司其职，执行政令。封爵事宜，当由吏部主爵司主管，唐制，下属有郎中一人，员外郎一人，主事二人，令史二人，书令史九人。

根据唐代诏制制度可知，这件诏书是由中书舍人郭正一草拟政令，交由中书令阎立本、中书侍郎崔知悌签发，再将抄本交给门下省给事中郭待举审核，黄门侍郎郝处俊再审核并注“制可”后，最后交付给了尚书省，由吏部侍郎李敬玄、吏部侍郎裴行俭、行尚书右丞许圉师领导执行，主爵司主爵郎中豆卢钦哲、主事程玄哲、令史任知敬、书令史史玄机具体执行。而侍中、尚书左仆射、尚书右仆射、吏部尚书职位空缺。诏书是咸亨三年八月廿三日草拟，虽涉及三省各级官员批转和皇帝审阅，但第二天即付诸执行，可见当时三省六部程序的完备和办事效率之高。

诏书中名人众多，为研究当时的众多官员生平提供了重要的史学资料。纪王李慎是唐太宗的第十子，母为韦贵妃。李慎于贞观五年（631）封申王，贞观十年（636）改封纪王，先后担任秦州都督、襄州刺史、邢州刺史。他颇有才华，受人爱戴，后跟随越王李贞起兵反对武则天当政受牵连入狱，被流放岭表，卒于流放途中。诏书中还写道“中书令博陵县开国子臣阎立本”，阎立本为唐代著名画家，画有《凌烟阁功臣二十四人图》《步辇图》和《古帝王图》等，先后历任将作大匠、尚书右仆射、中书令。《旧唐书·阎立本传》载：“总章元年，迁右相，赐爵博陵县男……太宗尝与侍臣学士泛舟于春苑，池中有异鸟，随波容与。太宗击赏，数诏座者为咏，召立本令写焉。时阁外传呼云：‘画师阎立本。’时已为主爵郎中，奔走流汗，俯伏池侧，手挥丹粉，瞻望座宾，不胜愧赧……咸亨元年，百司复旧名，改为中书令。四年卒。”1972年春天，在陕西省礼泉县昭陵陪葬临川长公主墓中出土了两通石刻诏书，其中贞观十五年（641）册封临川郡公主石刻诏书中写“朝散大夫守主爵郎中立本”，可知阎立本在贞观十五年曾担任过主爵郎中一职，与《旧唐书》之记载相符。该诏书文体格式与归顺县主石刻诏书相似，可作为唐代初期诏书之实证。

李敬玄和许圉师在《旧唐书》和《新唐书》中皆有传记，也曾分别担任宰相，唐代大诗人李白的第一任妻子便是许圉师的孙女。而裴行俭更是唐代著名的军事家、政治家和书法家，曾先后参与防御吐蕃，出击西突厥，歼灭东突厥的残部，去世后追赠扬州大都督、太尉等职，特赐谥号为“献”。

唐代诏书一般都是用麻纸所写，宣奉存档，极少流传下来。现存的唐代诏书大多是文献中的记载，只有诏令内容而无“三省”的各自批复。这份诏敕为纪念和彰显归顺县主的身份，特将诏书刻立在石板上，去世后放置在陵墓中，这为我们研究唐代诏制格式、三省六部的政治制度、人物生平传记提供了最为准确翔实的资料，具有很高的历史研究价值。

石纲墓志

玄武门兵变参与者

武周圣历二年（699）

石灰岩

志石：长97.7厘米，宽98厘米，高18厘米

石府君墓誌銘

志文楷书 51 行，共 2334 字。志文中并未涉及撰文者、书丹者，书法张扬恣肆。墓志录文如下：

唐故云麾将军行太子左司御率河南石府君墓志铭并序

公讳纲，字金刚，河南洛阳人也。昔轩丘惟睿，徇齐阐其丕业；弱水降居，宅幽播其洪绪。载疏云纪，奄有天墟。保于乌石兰之山，因以为姓。洎乎涂龟北启，去玄朔而来迁；津兽南徂，临翠为而迺眷。改为石氏，光乎代族。大统之末，复为乌石兰焉。有随之季，复还为石。若乃崇基峻极，作镇峙于钟岩；神委灵长，演派开于鼎邑。球琳继彩，英姿连百代之前；缨组成光，茂族倾九州之右。备乎家谍，此可略而言焉。曾祖真，后魏使

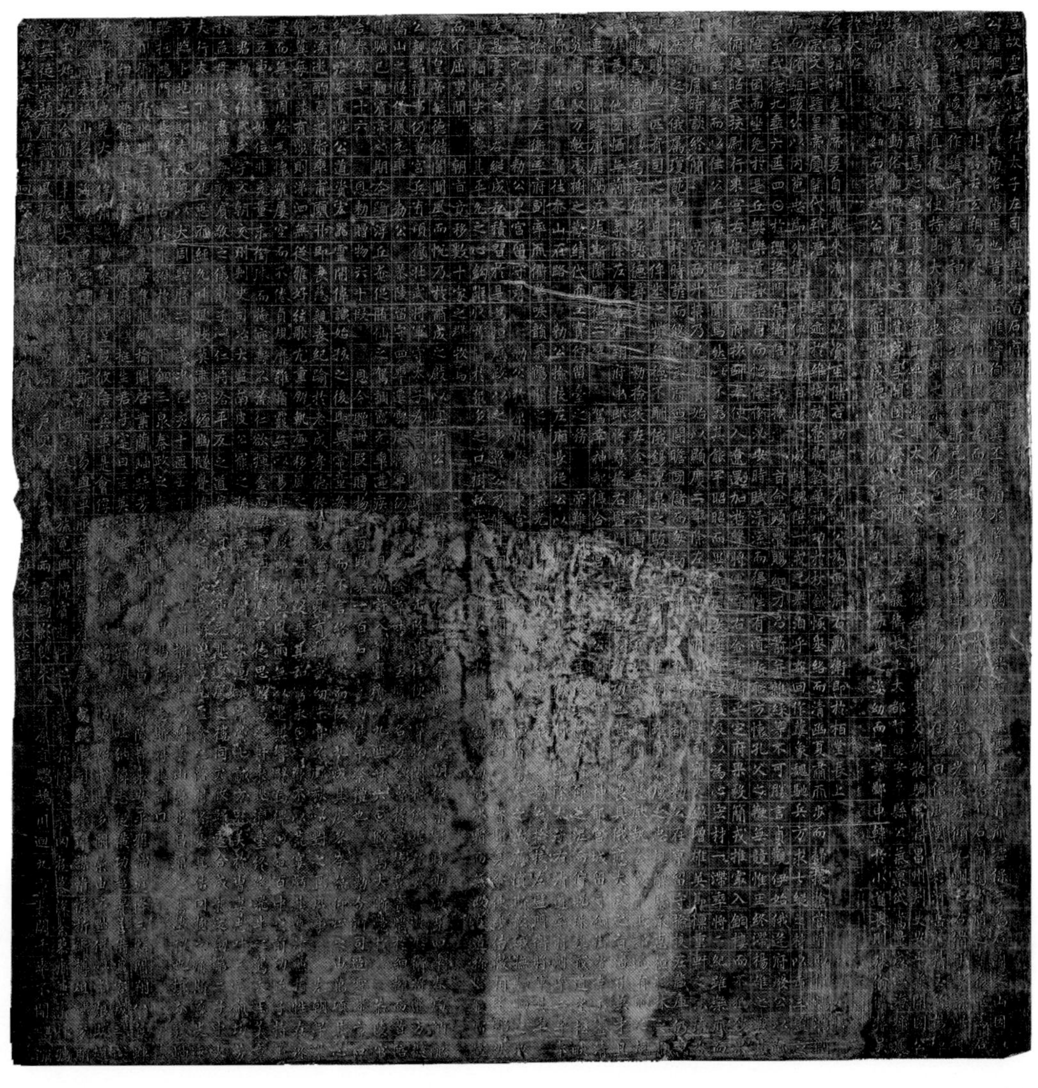

石纲墓志

持节大将军、忠州刺史、乐陵侯，食邑一千五百户。蒙赐铁券见在，谥曰信。风云授彩，河岳腾精。玉钤扬卓尔之威，金策均醉焉之锡。祖苌，后魏使持节、平东将军、太中大夫、帅都督，假抚军将军。宇文朝散骑常侍、昌州刺史、安平县开国公。环材扰萃，英声动俗。观梓隆克家之业，苴茅享开国之荣。父询，随上士左亲卫长上、大都督，袭安平县公。气禀岱嵩，量成江海。摛凤章而叠耀，袭龟纽而增辉。公雷精降彩，月将成德。珠浦积成虹之耀，玉台生骇电之姿。幼而奇识，鄙申韩于小道；长则殊伦，伟孙吴于大略。

唐高祖神尧皇帝，爰自龙飞，来清凤野，必资人杰，言访时英。乃以公为西府右勋卫，即于柏堂长上。太宗文武圣皇帝，初开代邸，潜圣迹于维城；旋整韬钤，蕴神功于杖钺。恢地络而清函夏，肃天步而扫搀抢。当哺而揖鹓鸿，侧席而倾駔骏。公以内苞忠节，外耸奇谋。伊瀍扈百胜之威，韩魏陪一戎之举。洎乎奸回作孽，象魏驰兵。方求七纵之材，以正三监之罚。至武德九年六月四日于璎珞门侍卫，陪赴戎机。旨命频叠，赐细刀、弓箭并杂彩等，不可胜言。贞观伊始，俄逢府废，公以迹预陪臣，因而坐免。于是丘樊乐道，咏梁甫而怡情；衡泌安时，赋清流而得性。有道斯耻，方怀孔父之鞭；无竞惟人，终滞杨雄之戟。其后俯从昭武校尉，行东宫右卫率府勋府旅帅，奉使入辽，还加游击将军、守右金吾卫平定府果毅。简戎推最，入铜楼而不犯；致果凝威，扬玉钤而以律。公平廉慎，遐迩闻焉。然以不器其能，罕昭昭而异迹；用安其道，宁汲汲以为心。宏材一滞，年

石纲墓志拓片

将二纪。虽乐天而自得，靡屑时谈；终简帝而升荣，乃光朝贯。始以显庆二年，除左领军翊府郎将，属鞬司宠，交銻增雄。英节懔重轩之末，环姿绝庶寮之表。俄属琼葩东指，采时谚而攸遵；玉府西开，瞻国储而每切。四年，驾幸神都。敕公在京留守，检校左藏库。仍蒙恩敕，赐马一匹。有司之吝，且盈侔地之赀；无德不酬，俄锡禀泉之骏。寄超时列，荣迈朝伦。虽贾破虏之忠，规解骖承；惠桓羽林之雅，节赐马流。恩远以为言，彼多惭德。寻奉敕检校左金吾卫六街事，并知屯兵。外飞缇骑，内司悬敝。执金成宠，上都迁有耻之规；捧璧为雄，他国慑无前之气。除左金吾卫翊府中郎将，寻授右监门卫中郎将，褒有功也。昔蒋侯良具，俄应大风之旨；潘子英才，且入连云之阁。畴庸靡隔，在德斯邻。麟德二年，驾幸神都，停合璧宫，敕公副将军韦怀敬神都宫城留守。铜街望幸，玉銮清跸。炎开日驭，方邀处榭之欢；绩代天工，实伫留台之务。帝难斯属，时论荣之。其后，瑶检希封，仰芝泥而伫贶；珠旗戒道，望松畤而将临。其年，驾往泰山，在路，敕公检校左厢长从。公以时婴风疾，少选便停。乾封元年，除太子右清道率府副率。二年，奉敕检校太子左卫率府副率。天衢警唤，韵飞鹤关之道；霜戟流光，威耸鸡鸣之地。总章元年，敕公检校左监门卫将军。其年，驾幸九成宫，敕公东宫留守。寻敕公于原州检校东宫群牧监。公以忠勤夙著，恒资謇謇之诚；廉慎斯彰，俄抚駉駉之牧。先是豪右之室吞纵成私，积习于是为恒，历政以之多弊。公乃条其利害，用闻旒扆。载纡睿览，爰命使乎。结辙相望，嚣然异议。辅轩失据，丧其平允之心；钩距收奇，慑于众多之口。树私求免，陷罪于公。公于是精诚逾励，冠冰霜而无改；直道弥坚，震雷霆而不屈。事闻朝旨，竟移数十家之群牧焉。

孝敬皇帝毓德储闱，闻风而悦。乃于肃成之殿，以宴于公。恩旨绸缪，仍赐杂綵卌段。誉光朝伍，荣冠时班。咸亨四年，春扃纳配，公亲监礼事。仍董宫兵，有顷授壮武将军，守太子左司御卫率。上元二年，正除其任。便属犀钩阏彩，俄虚望菀之游；蜃卫将迁，方拟乔山之隧。仪凤元年，敕公恭陵留守。四年，迁云麾将军，仍行旧任。金章吐耀，玉牒飞名。方媲寿于灵椿，岂齐曛于细柳。而昔陪师旷，已观宾帝之期；今蹑浮丘，奄从随仙之驾。调露元年，遘疾。恩敕许入都医疗。以九月廿六日倏焉大渐，薨于恭陵官舍，春秋七十六。恩敕赠物六十段。恩令赠卌段赙物一百段，粟一百石。敕使吊祭，礼也。敕令所司造灵辇，家口给传乘发遣。惟公道资宏器，灵开伟识。始孩之后，即异常童。每非礼而不言，终乐然而后笑。九成其度，峰岑无仰止之由；万项其心，涯涘迷酌焉之术。年甫初卄，即丧慈亲。丧纪逾于老成，孝德终乎没齿。每见有携童幼，未尝不歔欷以对之焉。夙事先朝，早攀鳞翼。每言谈有涉，则涕泗无从。雅好弦歌，尤重朋执。极移风之趣，不以酣纵爽其和；穷永日之欢，不以荒宴亏其道。清廉植性，在终窭而无营；周给为怀，虽屡空而不倦。贞规靡杂，霜霰无以易其心；峻节惟恒，风雨无以迁其响。羿焉弹日，超百中之前功；孟子持筹，逾五曹之远妙。位非充量，未衔珠而掩迹；寿不矜仁，欲挥金而辍赏。西瞻戚里，徒思数马之轩；东眺凉台，终绝飞牛之驾。夫人义章县君渤海缑氏，氏宇文朝交州刺史、司冶大监、南皮公罴之孙女。蓄誉兰闱，联芬蕙畹。情崇七诫，方冠美于曹妻；志叶三迁，载均芳于孟母。从夫尽礼，每敦宾敬之仪；劝子以仁，将洽平反之道。岂谓宜家是重，先悲逐凤之楼；同穴攸归，遽合成龙之剑。第二子中大夫、行太州下邽县令纯臣，天经允叶，风枝莫逮。泣缠幽隧，觉坟树之凋枝；哀诉曾旻，见虚禽之落羽。终忧且结，罔极之痛斯盈；先远方临，卜兆之期载及。粤以大周圣历二年岁次己亥十月壬午朔廿八日己酉，祔葬于鸿州庆山县步昌原之旧茔，礼也。壤分骊岫，路抵鸿门。遽长归于万古，终永祔于双魂。下锢三泉，秦政之奢靡袭；通视千里，冯衍之志斯存。其词曰：

姬川御历，弱水兴王。威绵鹄塞，景集龙乡。榆关启业，兰岫疏芳。珪符载显，鼎族攸昌。（其一）

乐陵奇表，安平雅识。庭降三鳞，门翔八翼。蝉连龟纽，陆离熊轼。上士隆家，中衢靡测。（其二）

挺生君子，实曰人英。宏襟海澹，皎节霜明。雄材吐纳，伟志从（纵）横。功超羿善，术迈容成。（其三）

践孝斯彰，移忠克大。绩侔霸越，勋参翼沛。笠毂攸陪，兵车是会。浮玉伊俟，归珠以赖。（其四）

戎昭更始，武骑多闲。荣由事黜，位以常艰。既趋阑锜，载奉摇（瑶）山。名高海内，誉重云间。（其五）

在帝斯难，非贤勿与。车服无昧，旗章有叙。屡警戈铤，恒司禁旅。

可谋帷幄，折冲樽俎。（其六）

方期钓玉，始悦娱金。修龄未几，大暮俄侵。悲凝撤瑟，恨结亡琴。旒冕兴悼，宾游悴心。（其七）

藐藐孤怀，哀哀罔极。慕深荼蓼，痛兼栾棘。孺泣无从，柴颜靡识。悽风振响，归云敛色。（其八）

尝扃穸户，更启泉台。箫声两至，剑影双来。凤凰原直，鹦鹉川回。九京长闷，千年不开。（其九）

灞池旷望，秦陵箫瑟。地回松疏，茔深草密。空山积雾，寒郊寝日。茂范长镌，芳风永溢。（其十）

志主石纲是鲜卑人。其石姓源于“乌石兰”，因地名而姓，北魏孝文帝时期汉化改革，将“乌石兰”改为石姓。志文中有“武德九年六月四日于璎珞门侍卫，陪赴戎机”，“璎珞门”为隋唐洛阳城的北门，在此处借指唐长安城太极宫的北门玄武门。武德九年（626）六月四日正是“玄武门之变”发生的时候。石纲此时跟随李世民参与了“玄武门之变”，立下了赫赫功绩。唐高宗时期备受重用，后辅佐武则天长子李弘，担任太子左司御率，即太子的侍卫长。调露元年（679）遘疾薨于恭陵官舍，终年七十六岁，武周圣历二年（699）祔葬于鸿州庆山县步昌原。

马强先生在《出土唐人墓志历史地理研究》中写道：“鸿州设置于武则天天授二年（691），治渭南县（今陕西渭南老城北），领渭南、庆山、高陵、栎阳、鸿门五县。大足元年（701）废鸿州入雍州。鸿州设置仅短短十年时间。庆山县即今西安市临潼区，唐垂拱二年（686）改新丰县为庆山县，属雍州，治所即今临潼区新丰镇，神龙元年（705）复名新丰县。步昌原或与步昌乡有关，大致在今临潼区窑村附近。”

石纲的陵墓由于埋葬在今西安市临潼区境内，距离骊山和秦始皇陵不远，故而在志文中也有提及。志文中“壤分骊岫”“下锢三泉，秦政之奢靡袭”，以及志铭中“灞池旷望，秦陵箫（萧）瑟。地回松疏，茔深草密”等内容为研究秦始皇陵及历史地理学提供了重要资料。此外，志文中并未刻写撰文者、书丹者，但文辞优美，书法用笔爽利，恣肆大胆，有行书笔意。

姚珽墓志

重俊之变幸存者

唐开元二年（714）

石灰岩

志盖：顶长66厘米，宽66.6厘米
底长91厘米，宽90.5厘米
高14.7厘米

志石：长92厘米，宽91.6厘米，高19.2厘米

姚珽墓志并盖，志盖盝顶，篆文阳刻：大唐金紫光禄大夫户部尚书上柱国宣城郡公姚府君墓志铭。志文楷书，共46行1987字。墓志录文如下：

大唐故金紫光禄大夫户部尚书上柱国宣城郡开国公姚府君墓志铭并叙

银青光禄大夫鸿胪卿上柱国彭城县开国侯刘知柔撰

公讳珽，字令珪，本望吴兴武康，今为京兆府万年县人也。帝虞授箓，因生得姓，有妫纂统，开国承家。源流涣乎前史，苗胤纷诸曩记。十二代祖信，仕吴为太常卿，选部尚书、都乡侯。由是代为江表望族。高祖僧垣，梁中书舍人，梁荆陷，入周为骠骑将军、华州刺史、长寿县公。随历上开府仪同三司、北绛郡公。曾祖察，陈黄门侍郎、秘书监、度支吏部二

姚班墓志盖拓片

姚珽墓志拓片

尚书，领著作，隋历秘书丞、太子内舍人、员外散骑常侍、袭封北绛郡开国公。祖思廉，皇朝秦府学士、秦王文学、著作郎、散骑常侍、昭文馆学士、丰城县开国男，赠太常卿，谥曰康。父处平，皇朝太子通事舍人，直司□□□□经史、豫州司户参军，追赠博州刺史。并宏材博识，发挥词翰之林；盛德高名，领袖衣冠之族。公即博州府君之第三子也。韫淳粹之姿，禀清贞之气，弱不好弄，实异常童。八岁而孤，哀毁过礼，有识见者，知将远大。既冠，以国子明经高第，授朝散郎、行申州司仓参军事。雅橾端悫，鉴局融明，匪躬之志，始于兹矣。秩满，授朝请郎，行沧州录事参军。奏议弹驳，为天下最。有敕褒美，升考进阶，就加通直郎。高宗焚林待士，仄席求贤，爰命宰臣，巡方采访。公为中书侍郎汾阴薛公所举，加□阶，旋有令旨，征入引试，授承议郎、行英王府功曹参军事，仍迁府主簿。所奉之主，即中宗孝和皇帝也。寻属黄离应运，苍震居贞。博望简能，先引梁园之客；承华取士，仍求代邸之宾。于是拜朝散大夫、行太子文学，寻迁太子司议郎，转尚书户部郎中，赐爵江宁县开国男。时公兄吴兴公入为兵部侍郎，乃出除蒲州长史。分二妙于台阁，赞六条于关辅。佩刀初受，公望有归；题座甫临，衮德斯在。光宅中，淮海乱逆，宗从有因官陷贼者，以亲族之累，左授沧州司马，仍加朝议大夫，行阆州长史，迁蓬州诸军事、蓬州刺史。賨渝暴俗，陶美化而怀音；巴濮浇氓，偃循风而革弊。长寿二年，以中散大夫、守简州刺史。三年，加中大夫、守苏州刺史。西蜀殷阜，闾阎且千；东吴积实，财资巨万。公示以宽仁之教，勖以敦本之科。政既有恒，人实知耻。时属升中会计，执玉来朝，陪泰坛而展礼，登明台而奉贽。以课最居多，擢为定州刺史。于时北蕃逆命，侵扰朔垂；东胡作梗，凭淩赵际。公式遏有备，虏不敢窥，州壤肃清，人无劳止。先是吴兴公经牧此州，棠阴在咏。及公为政，仁恩重洽。有识议者以为近代莫之有焉。是知两杜夹河，古未为贵，二冯继踵，今胡足称。万岁通天二年，以理处之能，迁汴州刺史。无几，又除沧州刺史。昔居半刺，今为列岳。虽位尊旧秩，而官实再临。颍川之政复兴，广平之誉弥阐。圣历二年，转杭州刺史，未赴任，改为虢州刺史，加上柱国。长安三年，迁豳州刺史，寻授银青光禄大夫，转华州刺史。浙川闻道，惜行麾之反旆；莘墟饮德，欣惠泽之随轮。豳土王畿，国风政成七月；华岳神京，河润寄深九里。中宗践祚，以蕃府储闱之旧，入行尚书礼部侍郎、宣城郡开国公，兼检校太子右庶子，寻转太子詹事，仍兼右庶子。时节愍太子昵狎群小，未近正人。公累疏匡谏，词旨恳切。既而巫蛊成妖，戏阳就祸。颠危之责，彼相攸归。上阅东宫故事，亲睹谏书盈箧之覆，披览赏味久之，即除右散骑常侍。竭诚规献之班，高步貂珰之列。考言询事，是谓容贤。岂与夫千秋言梦，以邀望思之福；少卿说诗，而求讽谕之幸，若斯而已哉。景龙二年，除秘书监，仍授岐州刺史。三年，又除太子左庶子一事，已上同三品。太上即位，又除太子宾客。公忠谠在官，雅达从政，历职中外，累迁台阁。公家之事，知无不为，所莅必表异能，声芳于焉藉甚。景云元年，迁户部尚书。履八座之分曹，掌五教而为政。廊庙之重，实允具瞻。寻有制命东都留守，仍兼左御史台事。无几，

又为太子宾客，留守、知台如故。今上纳麓，以宫臣之优，加金紫光禄大夫，余各如故。南宪绳纠之司，搢绅攸仰；东朝师友之地，问望尤尊。综居守之权，寄同心膂；缉留台之务，任切股肱。先天二年，又为户部尚书。列卿四至，宁闻巧官之目；承明三入，实资德举而升。方欲步鼎铉而处师臣，由台阶而陟元老。惟贤尚齿，乞□之礼未孚；彼苍不仁，摧梁之痛遄及。以开元二年岁次甲寅二月巳丑朔五日癸巳，遘疾薨于京兆万年县之宣阳里第，春秋七十有四。皇情轸悼，赙赠有加，兼敕万年县令秦守一监护葬事，呜呼哀哉！惟公气韵高邈，风情夷简，□□孤□，卓尔不群。历事五朝，终始之心如一；居官四纪，公清之节逾励。吴兴公累当钧轴，久典权衡。公又职综礼闱，任班喉舌，天衢之望既远，在原之誉益高。执志冲撝，居心静退，未尝以尊荣傲物，势位凌人。朋友之交，言而有信；闺门

姚珽墓志 侧面

之训，恭而有礼。加以学擅博通，文称藻丽。至若字林诂训之异，音韵义旨之殊，岂唯体自生知，故亦传诸旧业。先是，吏部府君撰《汉书训纂》三十卷，公又广而演之，为《绍训》四十卷，杂以疏议，学者宗之。《文集》二十卷，为时所重。即以其年八月景辰朔五日庚申，葬于京兆之少陵原，礼也。嗣子鸿胪寺丞昌源等，龙章凤彩，弓冶嗣其家声，金友玉昆，华萼晖其堂构，高柴之慕方永，少连之痛已深。敬撰遗迹，存乎幽志。铭曰：

姚墟诞命，妫水开源。粤若帝祖，祥延后昆。

陈处宾恪，齐为霸蕃。盛德必大，其昌实繁。

表海东临，亦惟吾土。凌江南渡，实迁我祖。

乃公乃侯，作相作辅。冠冕弈叶，材贤踵武。

惟贤继出，休有令名。金玉其响，芝兰其英。

耿分峻节，忠公至诚。虚神朗迈，秀气孤贞。
斧藻言行，琢磨轨则。委质帝庭，策名王国。
兔园承宴，龙楼侍德。其道有融，其仪不忒。
览观繁揔，仙闱枢要。仕逾三入，材兼二妙。
炉熏曙拥，书灯夕燎。文奏以敷，能名斯邵。
江河大郡，畿辅雄州。仁风累洽，惠政循修。
宫端护善，台座杨休。从容讽议，清切谟猷。
老成硕德，耆儒旧齿。宦历五朝，时余四纪。
方安宠禄，乞言燮理。大夜催辰，徂光落汜。
其生也贵，其死也哀。道既立矣，人安在哉。
蒸蒸令胤，泣血循陔。勒文幽壤，传诸后来。

志主姚珽，祖籍吴兴武康，即今浙江省湖州市德清县，出身于声势显赫的江东望族“吴兴姚氏”，《旧唐书》《新唐书》中均有传。曾祖姚察，《隋书》有传，原为南陈的黄门侍郎，隋灭陈后来到长安任职。祖父姚思廉，为秦王府十八学士之一，著名史学家，撰写有《梁书》五十六卷、《陈书》三十六卷。志文中有“时公兄吴兴公入为兵部侍郎”，其兄为姚璹，武周时期著名宰相。姚珽出生于贞观十五年（641），八岁时其父姚处平去世，姚珽“少好学，以勤苦自立”，明经及第，为官清廉。志文中“光宅中，淮海乱逆，宗从有因官陷贼者，以亲族之累，左授沧州司马”，即光宅初年（684）徐敬业起兵反对武则天之事，姚氏宗族中有人参与其中，姚珽也因此受到牵连，被贬为沧州司马。中宗二次即位后，姚珽辅佐节愍太子李重俊，担任太子詹事兼右庶子，曾多次英勇上谏，提醒太子节俭和隐忍等。神龙三年（707）七月，李重俊发动政变，意欲除掉韦皇后一党，史称“重俊政变”或“景龙政变”，然而政变并未成功，李重俊反被诛杀。后来唐中宗在调查太子东宫时，“亲睹谏书”，看到了姚珽向太子纳谏的信件，深受感动，姚珽也因此未受政变牵连。《旧唐书》卷八十九《姚珽传》记载：“时节愍太子举事不法，珽前后上书进谏……疏奏，太子虽称善，竟不悛革。太子败，诏遣索其宫中，得珽谏书，中宗嘉其切直。时宫臣皆贬黜，唯珽擢拜右散辑常侍。”姚珽在唐睿宗景云初年（710）官至户部尚书，先天二年（713）再次出任户部尚书一职，直至开元二年（714）去世，享年七十四岁，由时任长安县令的秦守一监护丧事，埋葬于长安城南的少陵原。

姚氏家族擅长治学，姚珽“传诸旧业”，显然是继承了家族的学术传统，志文写道：“加以学擅博通，文称藻丽。至若字林诂训之异，音韵义旨之殊，岂唯体自生知，故亦传诸旧业。先是，吏部府君撰《汉书训纂》三十卷，公又广而演之，为《绍训》四十卷，杂以疏议，学者宗之。《文集》二十卷，为时所重。”其中“吏部府君”指代姚察，表示姚珽在其曾祖姚察《汉书训纂》的基础上撰写了《汉书绍训》四十卷，影响深远。另著写《文集》二十卷，史书中对此并无相关记载，志文的记载补充了相关记载的缺漏。

撰文者刘知柔，为唐代著名史学家刘知几之兄，亦为名流，《旧唐书·刘子玄传》记载："少以文学政事，历荆扬曹益宋海唐等州长史、刺史、户部侍郎、国子司业、鸿胪卿、尚书右丞、工部尚书、东都留守。卒，赠太子少保，谥曰文。代传儒学之业，时人以述作名其家。"志文中并未记载书者何人，但此志书法布局严谨，字体秀丽，秀雅端正近于小楷，仍存唐初楷书大家虞世南之风，有着很高的书法价值。

欧阳正遍墓志

『大小欧』之后

唐开元十一年（723）

石灰岩

志盖：顶边长42厘米

底长61厘米，宽60.5厘米

高12厘米

志石：长61.4厘米，宽61.3厘米，高11.5厘米

歐陽氏墓誌

欧阳正遍墓志并盖，志盖盝顶，篆文阴刻：大唐故户部尚书宣城郡公姚府君夫人江国夫人欧阳氏墓志。志文隶书，共15行231字。墓志录文如下：

大唐故金紫光禄大夫户部尚书上柱国宣城郡开国公赠太子少傅穆公姚府君夫人江国夫人欧阳氏墓志

夫人字正遍，知本望渤海重合人，后迁长沙临湘，今为京兆长安县人也。曾祖纥，有陈给事中、黄门侍郎、阳山郡公。祖询，皇朝给事、中率更令。父通，银青光禄大夫、兵部尚书、侍中、渤海县开国子。

夫人以永隆二年八月廿二日肇封真乡县君，洎神龙元年十月廿三日转封渤海郡夫人，景龙二年三月廿七日进封江国夫人。以开元九年六月十三

欧阳正遍墓志盖拓片

大唐故金紫光祿大夫戶部尚書上柱國
宣城郡開國公贈太子少傅穆公 姚府君
夫人江國夫人歐陽氏墓誌
夫人字正遍知本望渤海重合人後遷長
沙臨湘令爲京兆長安縣人也曾祖紇齊
陳給事中黄門侍郎陽山郡公祖詢
皇朝給事中率更令父通銀青光祿大夫
兵部尚書侍中渤海縣開國子夫人以永
隆二年八月廿二日肇封真鄉縣君洎神
龍元年十月廿三日轉封渤海郡夫人景
龍二年三月廿七日進封江國夫人以開
元九年六月十三日遘疾彌留奄薨於京
兆萬年縣宣陽里之私第春秋七十有二
粤十一年歲次癸亥正月丁卯朔卅日景
申遷祔于 穆公先塋禮也嗚呼哀哉

欧阳正遍墓志拓片

日遘疾，弥留奄，薨于京兆万年县宣阳里之私弟，春秋七十有二。粤十一年岁次癸亥正月丁卯朔卅日景申迁祔于穆公先茔，礼也，呜呼哀哉。

志主欧阳氏，字正遍，为姚珽之妻，故该墓志与《姚珽墓志》并称为“鸳鸯志”。景龙二年（708）欧阳正遍受封江国夫人，开元九年（721）因病去世于长安万年县宣阳里之私第，享年七十二岁。开元十一年（723）她与丈夫姚珽一起祔葬。

志文中有“祖询”“父通”，即欧阳询和欧阳通父子。志主祖父为唐代著名的书法大家欧阳询，当时号称“唐人楷书第一”，虞世南评价其“不择纸笔，皆能如意”，书法结体严谨、端正，却总有出人意料的“险、绝”的笔法。唐代钱币“开元通宝”钱文就出自欧阳询之手。日本报纸《朝日新闻》报头四个字也是集自欧阳询的书法作品。志主父亲欧阳通，在唐代书法史上也占据着重要的地位，他一直在临习“欧体”，将欧阳询“严、正、险、绝”的书法特点发挥得有过之而无不及，并且目前仅存世《道因法师碑》和《泉男生墓志》两件书法作品，显得弥足珍贵。欧阳询和欧阳通也被书法界并称为“大小欧”。

有意思的是，欧阳正遍的祖父和父亲都是唐代著名的楷书大家，但她的墓志并未以楷书书丹，而是用“蚕头燕尾”的隶书书丹。隶书流行于两汉，由于书写更加简便，成为中国文字发展史上的转折，汉字由篆书演变为隶书的过程称为“隶变”。在其之前的甲骨文、金文、篆书称为“古体字”，隶书、草书、楷书称为“今体字”。隶书起笔藏锋，犹如蚕的头部，落笔露锋，犹如燕子的尾部，这样的造型称为“蚕头燕尾”。文字结体丰腴饱满，笔锋锐利。唐玄宗是一位著名的隶书大家，留下了《石台孝经》《纪泰山铭》等著名的隶书名碑，并且不遗余力地推广隶书，一时间隶书在唐代也非常流行。大概欧阳正遍正好生活在隶书流行的这个时代，故而特意邀请书家以隶书书写墓志。

陈讽造陀罗尼经幢

尘沾影覆

唐咸通十五年（874）

石灰岩

高132厘米

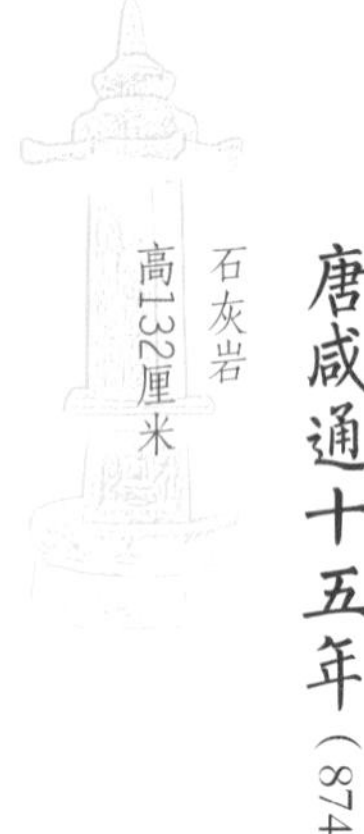

经幢是汉传佛教寺院法器，指刻有经文的石柱，是印度佛教“驮缚若”（梵文，幢为其译名）与中国本土幢幡融合后的中国化产物。著名考古学家阎文儒先生认为幢的形制来源于汉代的华表或佛塔，著名建筑学家陈明达先生则认为幢与佛寺中的灯幢有关。经幢的流行时代甚广，创于初唐，盛行于唐宋，及至明清亦有雕刻。

经幢在形制上可分为幢顶、幢身、幢座三部分，分别雕刻，然后垒砌。幢顶多为攒尖顶，顶部有宝珠。幢身为主体部分，多呈八棱柱状，也有部分为六棱柱，体量高大者，一般分为数段，上小下大，用石砌宝盖相连接，宝盖上雕刻垂幔、飘带、花草等纹饰。幢座一般雕刻为莲花座。

陈讽造陀罗尼经幢

陈讽造陀罗尼经幢 幢身

陈讽造陀罗尼经幢 部件

幢身雕刻的经文一般为《佛顶尊胜陀罗尼经》，原经版本众多，以唐代密宗大师佛陀波利的译本流传最广。因其受持方法简单，《佛顶尊胜陀罗尼经》便成为在经幢上书刻最多的佛经。经幢通常竖立于寺院、佛塔、道路或坟茔之侧。《大汉原陵秘葬经》记载："凡下五品至庶人，同于祖穴前安石幢，上雕'陀罗尼经'，石柱上刻祖先姓名并月日。石幢长一丈二尺，按一年十二月也；或九尺，按九宫。庶人安之，亡者升天界；生者安之，去大富贵。……安幢幡法，当去穴二百步安之，即吉庆也。"说明在坟前竖立经幢的做法在唐代颇为流行，西安唐成王李仁夫妇合葬墓中发

[illegible]罪滅
弟子右街功德巡使銀青光祿大夫前魏王府諮議兼殿中侍御史陳諷
右弟子見有餓神在財宮作宅身命宮惡有災憂妨剋
眷屬事起墳財口舌起志心啟造尊勝幢子一所安送在長流
水中願此功德水下入江湖大海普救波水族龍神及一切衆生各
得生於十方佛前受勝妙樂將尊勝功德迴獻上天餓神頭
毛及一切星神乞慈悲心喜歡遇弟子身宮乞自身及家內
眷屬諸災不生合家平善爲官清吉又將功德迴獻上
一切冥司諸王及官寮等及救度一切受苦諸衆生各得罪障
銷除各生十方佛前受勝妙樂乞冥司救度弟子諸災不
生伏願合家平安口謹疏
弟子右街功德巡使銀青光祿大夫前魏王府諮議兼殿中侍御史陳諷
咸通十五年九月廿四日功德使弟子陳諷謹疏

陈讽造陀罗尼经幢 幢身拓片

现石幢顶，是目前发现唐代经幢中规格最高者。

除镌刻佛经之外，有的经幢上还雕刻造幢记，馆藏的唐咸通十五年（874）陈讽造陀罗尼经幢便是其中一件。经幢幢身为八棱柱，雕刻经文及发愿文。

从发愿文内容可知，陈讽的官职为功德巡使。功德巡使即功德使，是唐至五代总领僧、道及宗教活动的官职，始设年代大约在唐代中期。《新唐书·百官志》记载："贞元四年，崇玄馆罢大学士，后复置左右街大功德使、东都功德使、修功德使，总僧尼之籍及功役。"玄宗时期著名宦官高力士也担任过此官职，《唐故右羽林军长上高公墓志铭并序》中记载："公讳可方，其先渤海郡人。曾祖力士，开府仪同三司兼左街功德使。"这里的"左街""右街"指长安城的东、西两部分，唐人习惯将朱雀大街东西两边称为"左街"和"右街"，统称"两街"，左街为街东，右街为街西。左右街功德使顾名思义，就是负责管理京城各类宗教事务，多由宦官担任。幢主陈讽即为右街功德使，他出资建造此幢，祈求"诸灾不生，合家平善，为官清吉，又将功德回献上一切冥司诸王及官僚等，及救度一切受苦诸众生"，体现出古代官吏齐家、治国、平天下的精神追求。

线刻椁壁

游丝铁线

唐（618—907）

石灰岩

高119厘米，宽65厘米

石椁是古代的高等级葬具，是古代放在墓室中用来盛放死者棺木的构件，表示死者灵魂起居之所。内放棺，外置椁，此所谓“内棺外椁”。在唐代，棺椁的使用有着十分严格的制度规定。《通典·棺椁制》记载：“大唐制，诸葬不得以石为棺椁及石室，其棺椁皆不得雕镂彩画，施户牖栏槛。”只有皇室贵胄才能在陵墓中使用石椁，其他墓葬除特别恩典外不得使用，且不得在棺椁上有所装饰。因此，石椁墓大多只集中于长安和洛阳周边，在其他地方非常少见。

石椁由顶、身、底三部分组成，拼接成宫殿建筑的形制，梁、柱、斗拱、瓦当等刻画一应俱全。椁顶有庑殿顶、歇山顶、悬山顶等样式，椁身多由

线刻椁壁

十块壁板和八至十块立柱组成，壁板和立柱的内外分别线刻着精美繁复的植物、动物和人物形象。

馆藏七件唐石椁壁板，除一件内外壁皆线刻侍女图案、一件外壁雕刻棂窗外，其余仅在内壁线刻有图像，共八组仕女图，以表现墓主日常生活中的近身陪侍，象征在地下世界陪侍墓主继续从容生活、享乐，亦是古人“事死如生”观念的体现。

线刻椁壁 图像一（局部）

线刻椁壁 图像二（局部）

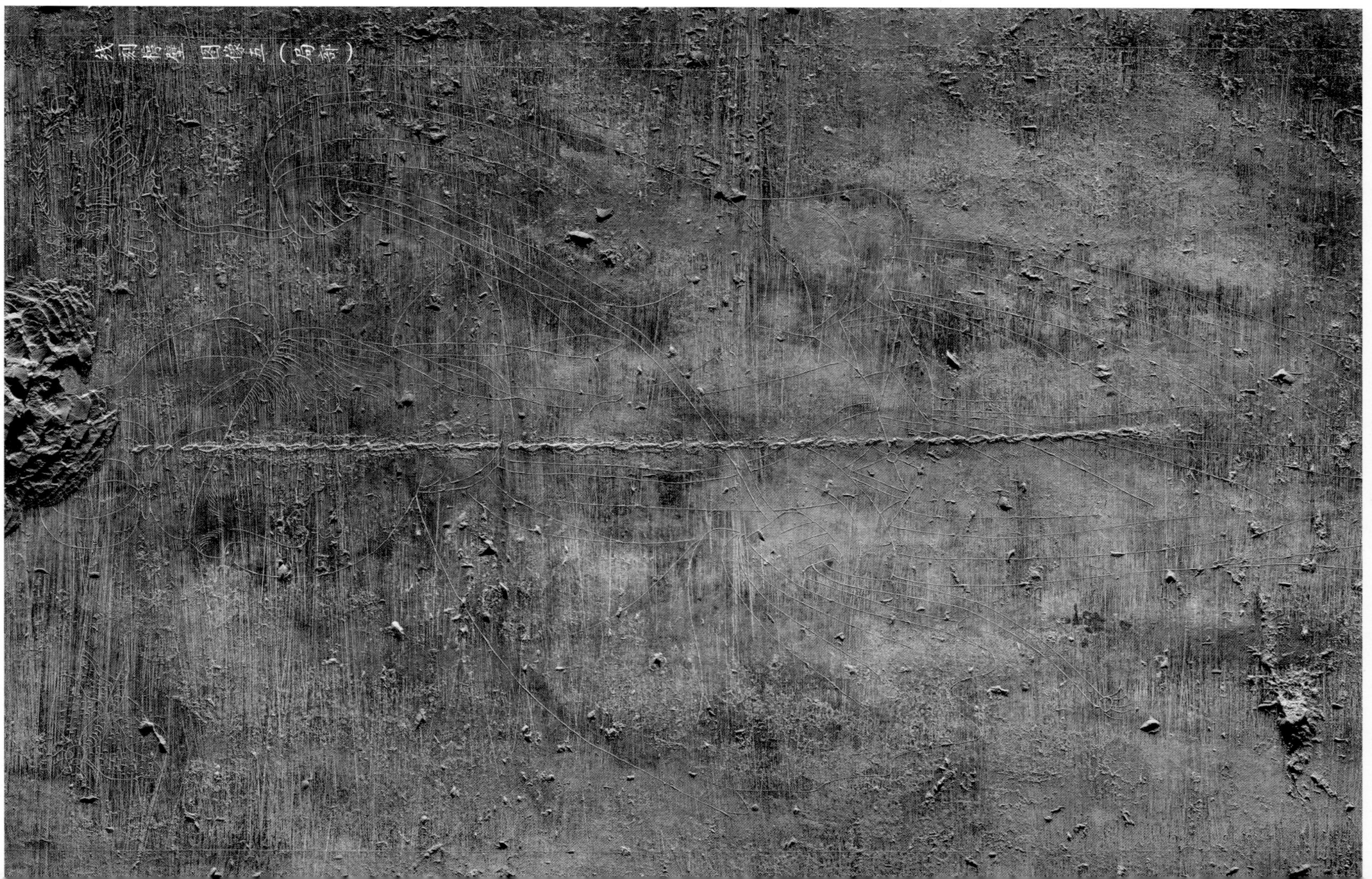

线刻椁壁 图像五（局部）

线刻椁壁图像六（局部）

线刻椁壁 图像一拓片

线刻椁壁 图像二拓片

图像一为一着男装仕女，她侧身站立，头戴软脚幞头，面部丰满圆润，身穿袍服，衣服上錾刻星形纹样，呈现唐代服饰的扎染纹饰，腰间系蹀躞带，双手捧一鸟笼，右手呈兰花指持鸟笼顶部，左手托底，作赏鸟状。

图像二为一仕女，她面向右方，梳倭堕髻，鬓发刻画细腻，面部丰圆，眼睛正视前方。她身穿长裙，长裙上点缀牡丹纹样，肩披披帛，右手系带于胸前。

线刻椁壁 图像三拓片

线刻椁壁 图像四拓片

图像三为一着男装仕女，她面向前方，头戴软脚幞头，面部丰圆，眉细而弯长，樱桃小口。她身穿圆领袍服，左手持卷轴，右手抓腰带，手指纤细。

图像四有一人物，他侧身而立，头戴幞头，身体微弓，身穿长袍，腰间系蹀躞带，双手展开一卷轴，上有草书若干，卷轴右方可见楷书“杂集”二字，是为欣赏书法之形态。

线刻椁壁 图像五拓片

线刻椁壁 图像六拓片

图像五为一着男装仕女，她面向右方，头戴幞头，面部丰圆，阔眉，身穿圆领袍服，腰间系蹀躞带。她双手捧一枝条，上有鸾鸟口衔枝叶。画面左上方有一蝴蝶飞舞，仕女站立在花丛中，似在赏蝶、嬉戏。

图像六为一男装仕女，她侧身而立，头戴软脚幞头，面部丰圆，长阔眉，身穿袍服，腰间系蹀躞带，上半身錾刻菊花形衣纹，下半身錾刻星形纹样，双手将一琴状物体扛在左肩。

线刻椁壁 图像七拓片

线刻椁壁 图像八拓片

图像七为一仕女，她侧身而立，面向右方，头梳倭堕髻，面部丰圆，阔眉，身穿襦裙，衣服上錾刻花形纹饰。她手执如意，站立在萱草旁。

图像八为一着男装仕女，她头戴软脚幞头，面部丰圆，阔眉，樱桃小口。她身穿圆领袍服，倚坐在胡凳上，腿上放置一架古筝，双手正在弹拨，手指纤细，形象优雅，双眼望向下方，似陶醉状。画面左上方有鸾鸟衔枝，右方有一棵树，下方有一对脚踩莲花的鸳鸯，口衔花枝左右对望。

唐代线刻技法成熟的主要原因是绘画技艺的成熟，宫廷的画师留下大量的粉本供石匠选择，石匠们以刀代笔，在石板上描稿、雕凿，最终完成石刻作品。描稿是线刻的第一步，采用双钩的形式，便可将画稿完美上石。接下来，石匠们一手执刻刀，一手执铁，通过铁块在刻刀上的不断砸击促进刀锋的行进，行刀方式也会根据线条的转变而有所变化，终于在周而复始的推凿中完成想要的作品。有类似白描的效果，但要以刀刻石，逐渐在石板上推凿出这样的线条，却不失绘画的流畅感，灵动、飘逸，顺畅自如，实在不可思议。

唐代线刻椁壁的价值不仅体现在绘画的艺术上，由于“事死如生”观念的影响，内壁图样多表现的是墓主私密生活的日常和身边的陪侍人物，极具写实意味，这些图像也是唐代服饰、女性妆容、娱乐等日常生活的真实写照，具有十分重要的历史研究价值。

仗马及胡人进马官

白马紫连钱 嘶鸣丹阙前

唐（618—907）
石灰岩
仗马：
长162.5厘米，宽56.5厘米，高138.5厘米
胡人进马官：
宽49.5厘米，厚44厘米，高163厘米

这件石马圆目如炬，鼻孔外张，两耳上竖，膘肥体壮，身上的马具如络头、鞍韂、攀胸、秋带及各革带坠饰齐备，马鬃被精心修剪，障泥宽大且垂于腹下，缰绳随意地挂在鞍上，马头微微内勾，似在小憩，神态逼真生动。根据马匹的尺寸分析，该石马应为唐代皇亲贵戚陵墓司马神道上的仗马。

进马官为胡人形象，头戴胡帽，昂首前望，浓眉高鼻，颧骨凸起，满腮浓髯，形象威严。他身着圆领长袍，袍服下摆撩起系于腰带上，下穿窄腿裤及长皮靴，双腿分立于

仗马及胡人进马官

胡人进马官（局部）

胡人进马官（局部）

踏板上。其整体雕刻线条自然流畅，胡人形象生动写实。

从乾陵开始，唐代帝陵石刻组合形成规制，会在南司马神道两侧放置石柱、翼马、石人、石马、翁仲、石狮等，其中石马和石人十组；在陵墓北门外放置石狮两件，石马和石人六组。沈睿文在《唐陵的布局：空间与秩序》中的观点为：南司马神道的石马代表着帝王出行仪仗的组成部分，应称为“御马”，旁立之人称“驭者”或“执者”；北门外的石马则代表着列阵于公府衙门外的马，应称为“仗马”，旁立之人称“进马官”。关于石人和石马的数量，《唐会要》卷七十二记载：“贞观二十一年八月十七日，骨利干遣使朝贡，献良马百匹，其中十匹尤骏。太宗奇之，各为制名，号曰十骥。”有学者认为，御马之所以为十件，应当与“十骥”的说法密不可分，而仗马为六，可能是与“天子驾六”的规制有关。

唐代人对马的喜爱，达到了近乎痴迷的程度。唐太宗是一位文治武功兼备的皇帝，对马有着无以复加的热爱。他命令太仆卿张万岁修正马政，加强对马匹的饲养和管理，监马的数量由唐初的数千匹增至七十万匹。李世民还曾下令将自己作战时骑乘过的六匹战马制作成高浮雕石刻，由阎立本绘画，阎立德雕刻，李世民亲自为每匹马撰写一首四言赞诗，再由欧阳询书丹，放置在昭陵北门献殿两侧，即是有着“四绝”之称的“昭陵六骏”。

到唐玄宗时期再次修正马政，开元十三年（725）官府马匹的数量也有四十三万匹。而《新唐书》记载：“牛驼羊马之牧布诸道，百倍于县官。”可见除官方的马匹之外，民间的马匹数量，要远超官府的马匹数量。唐玄

仗马拓片

仗马（局部）

宗时期，宫廷内还培养了众多富有灵性的舞马，可以使舞马跟随音乐的节奏上跳下跃来起舞。每当玄宗的生日“千秋节”时，还会在兴庆宫勤政务本楼下举行舞马表演，为皇帝祝寿。宰相张说在《舞马千秋万岁·乐府词三首》中有“更有衔杯终宴曲，垂头掉尾醉如泥”的诗句。1970 年在何家村金银器窖藏中还出土有一件鎏金舞马衔杯纹银壶，纹饰描绘的正是舞马在“千秋节”时向皇帝跳舞敬酒祝寿的场景。除舞马活动之外，唐代还有一项与马有关的体育活动，就是马球。唐代马球运动一直十分盛行，甚至连唐玄宗、唐敬宗、唐僖宗等都是著名的马球高手。尤其是唐僖宗，还曾自诩如果打马球也有科举考试的话，自己一定可以得状元，足以见其对马球运动的痴迷。

碑首

时乘六龙以御天

唐（618—907）

青石

高96厘米，宽108厘米，厚28厘米

碑石在形制上由碑首、碑身、碑座三部分组成。碑首有圜首、螭首、方首、圭首四种，除了圭首碑主要流行于汉代，其他形制在历代皆有大量留存，以螭首碑最为常见。碑身一般为扁方体状，有碑阳和碑阴之分，少量碑身也可以为正方体或柱状体。碑座有方座和龟座，根据时代和碑主级别的不同会有所差异。

馆藏这件椭圆形碑首，上有螭龙缠绕作为装饰，可称为“螭首”。螭，为无角的龙。《说文解字》云：“若龙而黄，北方谓之地蝼；从虫，离声，或云无角曰螭。”在唐代，碑石的制作有着严格的制度约束，《唐六典》规定：“碑碣之制，五品以上立碑，螭首龟趺，趺上高不过九尺。七品以上立碣，

碑首

碑首 侧面

圭首方趺，趺上高不过四尺。若隐沦道素，孝仪著闻，虽不仕亦立碣。”只有五品以上官员可使用螭首龟趺，五品以下官员使用圭首方趺。根据实际情况发现，在唐代碑刻中，五品以下多使用螭首方座或圜首方座。《易经》中有“时乘六龙以御天”和“用六永贞，以大终也”的说法，故碑首左右两侧各圆雕三条螭龙并排而下，表示顺应天命，乘龙而去，承载墓主灵魂升天。龙的身体缠绕于正面，龙鳞刻画细腻，层次分明，龙爪尖锐有力，其中左右各有一爪托举宝珠于碑额上方，造型立体生动，气势雄强。

碑首的下方有圭形碑额，是圭首碑形制的演变。圭首是汉代碑刻的典型形制，古人以玉礼天地四方，青圭作为重要的礼器，有厚德和生长的寓意。随着碑石形制的不断演变，螭首逐渐取代圭首，但圭的形制和特殊的寓意并没有消亡，而是变换了另一种形态，出现在了碑额的位置。在碑额上篆文阴刻有“大唐故光州长史□府君之碑”，说明了这是唐代曾担任过光州长史的官员的神道碑。在唐代前期，各州分别设置有别驾、长史、司马各一人。唐代亲王府、都护府、都督府、州府等都会下设有长史一职，其中州府下的长史主要负责地区民政和政府内务，类似于现在的市政府秘书长和副市长。长史的品秩根据州府规模不同也会有所区别，上州长史品秩从五品上，中州长史正六品上，下州长史正六品下。光州，位于河南省的东南部，唐代隶属淮南道，州治在今河南省潢川县，在唐代属于下州，故而光州长史，品秩为正六品下。

古人有着“事死如生”的丧葬观念，《礼记·中庸》：“事死如事生，事亡如事存，孝之至也。”“事”，同“侍”，意思是说侍奉已经去世的人就要像他活着一样来对待。正因为这样的丧葬观念的流行，从而产生了一系列的陵墓类石刻，使其成为古代石刻中的大宗。陵墓石刻包括有地上石刻和地下石刻两部分：地上石刻有神道碑、石柱、石马、翁仲、石狮、石羊等；地下石刻有画像石、墓志和买地券等。

碑是最常见的陵墓石刻之一，《礼记》是最早论著“碑”的一部经典。《礼记·檀弓下》中有“公室视丰碑，三家视桓楹”，郑玄注：“丰碑，斫大木为之，形如石碑，于椁前后四角树之，穿中，于间为鹿卢，下棺以繂绕。”表示碑石原本为木质，放置在陵墓中石椁四周，中间穿孔安装辘轳，将粗绳绕在上边用来下放棺木。这也被认为是碑石的原始用途。1986年在陕西秦公一号大墓发现了四座木椽，上部有孔，即是实例。这种样式的木碑后来逐渐演变成在陵墓神道上竖立的神道碑，碑文记述死者的族属渊源、生平经历和歌功颂德的内容。《礼记·祭义》记载：“祭之日，君牵牲……既入庙门，丽于碑。”这里记载碑石是用来系祭祀用的牛、羊、猪。五代徐铉校勘《说文解字》中注解：“古宗庙立碑，以系牲耳。后人因于其上纪功德。”说明曾经用以祭祀时系牺牲的碑石后来演变为功德碑、记事碑。《仪礼·聘礼》：“陪鼎当内廉，东面北上，上当碑南陈。”郑玄注：“宫必有碑，所以识日景，引阴阳也。”碑石在宫殿中也可以用来观测日影，类似于日晷。

以上关于碑石的记载，总结起来：碑石根据所处位置，分为宫殿之碑、

碑首拓片

宗庙之碑、陵墓之碑；根据碑文的内容，又可以划分为功德碑、记事碑、神道碑等。当然，随着时代的发展，碑石的位置和用途也在不断扩大。随着东汉以来儒家思想对孝悌观念的重视和“事死如生”观念的流行，树碑立传的风气愈演愈烈，存世的历代碑刻数量惊人。

碑座

龙子赑屃驮丰碑

唐（618—907）

青石

长154厘米，宽118厘米，高72厘米

顶部卯：

长42.5厘米，宽25.5厘米，深18厘米

龟形碑座，也称“龟趺”“赑屃”。这件碑座头部缺损，体形巨大，背部凿有龟甲纹，四肢粗壮有力。在顶部有一卯，下凹，用以插接原碑的榫部。据此可以判知其上原有的碑石体量一定很大。碑座两侧各浮雕一雄狮站立的形象，前肢向上似托举状，雄强有力。据观察发现，在唐代碑座两侧的立狮中，多以线刻工艺雕刻，以浮雕工艺雕刻的数量极少，因此，此碑座实属珍贵。《唐六典》规定五品以上的官员立碑才可以使用螭首龟趺的形制，可见这件龟趺的等级相对较高，必是唐代重量级的石碑所用。

碑座为什么要制作成龟形？乌龟，因其长寿，自古被认为是灵物，早在商周时期，人们就用龟的腹甲进行占卜，以判知吉凶福祸。《礼记·礼运》

龟形碑座

有云："麟、凤、龟、龙，谓之四灵。"将龟与蛇相互结合，又形成玄武的形象，玄武作为"四灵"之一，成为北方的守护神。古人秉承龟的灵性，以祈求吉祥和长寿。在造型上，龟座底部面积较大，脊背宽平，重心较低，也能够有效保证碑体的安稳，降低因地基下陷和地震影响而扑倒的概率。

民间流传"龙生九子"之说，龟形碑座也称"赑屃"。《天禄识余·龙种》写道："俗传龙子九种，各有所好，一曰赑屃，形似龟，好负重，今石碑下龟趺是也。"赑屃，也叫作"霸下"，是传说"龙生九子"的第六子，其形似乌龟，嘴中有利齿，喜好负重，多用以承载功德碑。传说上古时期，赑屃经常背驮着三山五岳兴风作浪，祸患人间，后来被大禹收服，并听从大禹的指挥，驮走阻碍河道的高山，疏通河道，立下了大功。大禹治水成功后，为了防止赑屃再次为祸人间，于是让它驮载着为其歌功颂德的石碑，沉重的石碑就压得它不能随意行走了。

豹斑石器

唐代贵族赏玩

唐（618—907）

豹斑石

六曲盘：

直径12厘米，高2厘米

羽觞杯：

长12.5厘米，宽9.2厘米，高4.5厘米

高足杯：

口沿直径9厘米，底足直径5厘米，高6厘米

三足石铛：

直径11.8厘米，高3.4厘米

石钵：

口沿直径14.5厘米

豹斑石，因其表面含有铁元素，从而呈现如豹子的斑点而得名，在灯光照耀下有透光的效果，因此也被称为“豹斑玉”。

经过检测证明，豹斑石属于叶绿泥石，为单斜晶系矿物，含有镁、铝、硅等元素，常与滑石、镁石矿相伴而生，矿石摩氏硬度在 2 至 2.5 之间，硬度较低，易于雕琢。

豹斑石器物主要流行于唐宋时期，大多是仿金银器的形制打造而成，造型精美绝伦，是唐宋时期达官显贵生活赏玩和礼佛的物品，出土地主要集中在西安和洛阳两京地区。陕西汉唐石刻博物馆收藏有豹斑石器物二十余件，包括酒器、茶具、食器、粉盒。这些器物蕴含着鲜明的时代特色和

六曲盘

丰富的文化信息，反映了这一时期人们饮食、妆容、礼佛等社会生活的方方面面，是这一时期工艺技术发展的直接证据。

六曲盘

这件六曲盘的口沿有六个横向分层式的曲瓣，具有明显的异域风情，是伊朗萨珊风格的器型。多曲盘的样式经中亚传入中国后，中国的工匠仿照其形以豹斑石雕琢而成，它成为唐代中外文化交流的见证。

羽觞杯

1970年，西安南郊何家村金银器窖藏中便发现有多件多曲形银盘。在中国，传统的器皿多为圆形，多曲形器皿的传入则掀起了一股新的流行风尚。这种形制在金银器制作和瓷器烧制过程中都得到了广泛应用，甚至对中国瓷器的造型也产生了一定的影响，深受人们的喜爱。

羽觞杯

羽觞杯，又名“耳杯”，外形椭圆，两侧有半月形双耳。此种杯型主要流行于战国秦汉时期，是贵族宴饮的必备之物。早期发现多为漆器，在长沙马王堆一号汉墓里就出土了九十多件。《兰亭集序》中“流觞曲水”

高足杯

的活动，其中的“觞”指的就是这种酒杯。此杯即唐朝按照传统的羽觞杯的形制以豹斑石雕刻而成。

高足杯

高足杯，也称高脚杯，最早流行于古希腊罗马地区，由杯体、杯托和杯足三部分组成。这件高足杯深受罗马－拜占庭风格影响，侈口，杯身有弦纹装饰。在唐代房陵大长公主墓里出土的侍女壁画，以及西安南郊何家村金银器窖藏中，都有高足杯的相关发现，这亦说明此类酒具在唐代贵族生活中的流行程度之高。

三足石铛

三足石铛

铛是一种带短柄、底部有足的加热器，根据用途分为茶铛、酒铛和药铛等，目前所见大多是用金属和瓷来制作。这件三足石铛为豹斑石质，侈口，口沿微微外撇，浅腹平底，底部有三只小足，手柄处为龙首装饰。石铛通体光素，制作规整，打磨精细。1970 年在西安南郊何家村窖藏中发现有一只素面短柄三足银铛，此外，在西安东郊韦美美墓还出土有一件黑褐釉瓷铛，而用豹斑石来制作的实属罕见。

石钵

石钵

在佛经中常常出现“托钵乞食”的典故，因此托钵渐渐成为出家人的用餐习俗，钵在供佛中作为礼器而使用。这件石钵造型规整，打磨均匀，内壁光滑。在制作时，要将一整块豹斑石进行雕凿、打磨、抛光的处理，绝非易事。更不必说，这件石钵器壁薄而规整，在制作时应有类似转轮一样的半自动化工具加入，可见唐代石器加工工艺的高度成熟。

粉盒

翠匀粉黛好仪容

唐（618—907）

鸿雁纹粉盒：豹斑石
长4.3厘米，宽3.2厘米

卧牛粉盒：滑石
长5.1厘米，高4.4厘米

古代的粉盒也称为“油盒”“黛盒”，是古代妇女存放脂粉和香粉的化妆盒，由盖和盒身两部分组成，形制多为圆形。唐代开始也出现有很多其他造型，如椭圆形、多曲形，以及牛、兔、鸳鸯等动物的形状。

唐代社会的开放和经济的发展促使女性的妆容进一步奢华，从出土的陶俑或是壁画中，我们都可以看得出唐代女子的面部妆容厚重且复杂。经过研究整理，我们发现唐代女子化妆大致分七个步骤，分别为：施铅粉、抹胭脂、画黛眉、贴花钿、点面靥、描斜红、涂唇脂。《说文解字·米部》中载：“粉，傅面者也。”施铅粉就如同今天女性化妆要先打粉底一般，起到遮瑕、美白的作用。中国古代女性最早使用的粉为米粉，其是将米粒

粉盒

研磨成粉状来使用，但经常会出现板结和脱粉的情况。隋唐时期从西域传入铅粉，其是将铅化成粉脂状来使用，也称为“胡粉”，虽然在今天都熟知铅毒对身体的危害，但在当时人们对此并无认知，而铅粉在美白的效果以及舒适度上要远胜米粉，深受唐代贵族女性的青睐。

粉盒作为重要的日常妆饰用品，在女性墓葬中比较常见，出土发现较多。陕西汉唐石刻博物馆收藏有唐代粉盒数十件，其材质包括豹斑石、白玉、滑石等，造型各异，精美绝伦，它们是唐代女性审美情趣的见证。

鸿雁纹粉盒

鸿雁纹粉盒

这件鸿雁纹粉盒的形制为多曲椭圆形，其造型受到了伊朗萨珊文化的影响。盒盖和盒身呈子母口，在盒盖上雕刻出一只鸿雁的纹饰。鸿雁为古代的“信鸟”，每一年“南飞北归”有着固定规律，如同一个人信守盟约一般。这样的纹饰也被引申为具有“夫唱妇随”的含义，在古代婚礼中作为最主要的纹饰来使用。

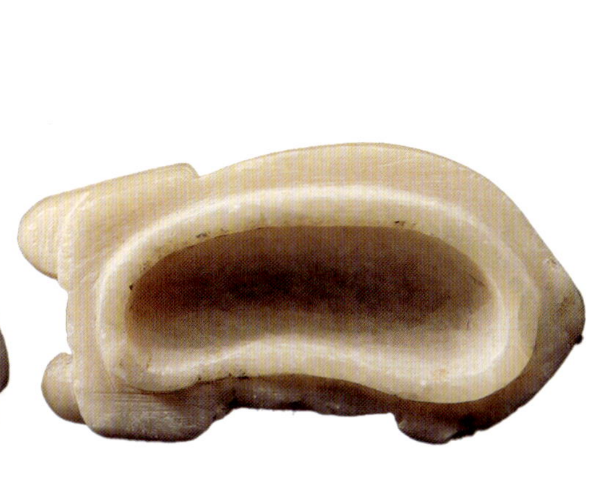

卧牛粉盒

卧牛粉盒

这件小盒为圆雕卧牛形，它由滑石制作而成，通体呈白色，有白玉的质感。盒盖与盒身为子母扣的设计，盒盖造型为转头微微平视侧前方的小牛，牛身表面用线刻表现躯体的层次和肌肉感，打磨光滑。盒身表现牛四肢伏卧的形态，整体神态惟妙惟肖。盖与盒身严丝合缝，能够有效防止胭粉的洒落。这件粉盒造型精美，构思巧妙，足见古代工匠雕刻技艺之高超。